L'importance de la licorne

Charlotte Nordin

L'IMPORTANCE DE LA LICORNE

Édition : BoD · Books on Demand, 31 avenue Saint-Rémy, 57600 Forbach, bod@bod.fr
Impression : Libri Plureos GmbH, Friedensallee 273, 22763 Hamburg (Allemagne)

ISBN : 978-2-3224-7771-5
Dépôt légal : Décembre 2024

Je dédie ce livre à Raphaël et Vera,
aux amours de ma vie.

SOMMAIRE

INTRODUCTION

Je suis Charlotte Nordin. Plusieurs appellations peuvent servir à m'identifier. Je suis artiste, plasticienne, chanteuse, guérisseuse, thérapeute holistique, professeure de yoga. J'aide les individus sur leur chemin de vie. J'apporte ma pierre à l'édifice en accompagnant des personnes qui cherchent à évoluer, grandir, s'apprivoiser pour atteindre la meilleure version possible d'elles-mêmes, dans l'espoir que nous puissions un jour co-construire un monde meilleur pour tous.

Je suis la mère d'une enfant polyhandicapée et c'est ce qui vaut la rédaction de ce récit. Je suis la mère qui aime, la mère qui soutient, la mère qui sert de bras, de voix et de jambes à un enfant qui en a besoin. Je suis un être qui s'éveille, qui apprend au cours de la vie, à travers ce que son enfant a à lui enseigner. Je suis l'apprenante qui tâche d'enseigner par mon exemple plus que par mes mots. Je suis un bourgeon poussé à éclore à chaque fois que la vie souffle un peu plus fort et qui, au lieu d'être anéanti, devient plus résistant. Je suis là pour parler de Vera, de ma fille polyhandicapée avec le spectre autistique associé, mon enfant, mon maître, mon amour, celle qui a ouvert mon cœur, mon amie, ma sœur, mon alliée. Elle m'apprend une grande partie de ce que je sais aujourd'hui. Elle est une force extérieure entrée dans mon monde, chavirant le navire de croisière sur lequel j'étais pour que je devienne marin.

Chercheuse spirituelle dans l'âme depuis toujours, pressentant depuis l'enfance que la réalité est bien plus vaste que l'on ne croit, j'ai été bousculée jusqu'au bout de mes croyances limitantes pour les outrepasser. Je suis devenue une avocate, fervente défenseuse de l'amour et de la sagesse envers nous-mêmes et envers les autres.

Mon parcours, mon chemin d'éveil n'a pas commencé avec Vera, mais c'est elle qui m'a conduite à en faire mon principal but, ne me laissant plus d'autres choix que d'aller rechercher les réponses dans les ressources les plus profondes, les prérequis les plus enfouis que j'avais en moi.

Je partage ce chemin dans ce livre que vous tenez entre vos mains en espérant qu'il puisse être un guide, un manuel pratique aussi bien pour celles et ceux qui ont rencontré dans leur vie de parent un enfant handicapé, que pour tout être humain qui veut apprendre à se construire à travers les défis que la vie apporte. Ce livre est un enseignement, un témoignage, un partage de tout ce que je suis, depuis ma plus grande sincérité, sans fard ni ajouts. Ceci est le récit de ma vulnérabilité mise à nu qui, au fil du temps, est devenue ma plus grande alliée. Je vous souhaite à tous, chers lecteurs, que vous trouviez vous aussi les moyens d'embrasser les obstacles de vos vies pour en faire vos tremplins. Je vous souhaite de grandir à vous-mêmes et que nous le fassions communément en nous soutenant dans nos failles. Ce livre est une ode à l'humain, à sa fragile candeur, à sa force et à son courage face à tout ce qu'il est amené à rencontrer. Devenons les défenseurs de nous-mêmes, de nos paroles et de nos pensées.

J'ai attendu longtemps avant de m'exprimer quant au sujet qui est le mien, alors que je savais que j'y serais tôt ou tard amenée. À la naissance de Vera, une amie thérapeute qui m'a longtemps accompagnée m'a avertie que l'étape de la naissance de Vera n'était que la première et que les adversités seraient nombreuses. Les deuils s'aligneraient en temps et en heure, les uns derrière les autres. Elle m'a expliqué que les difficultés que je traversais et traverserais me donnaient la légitimité de dire, de porter la parole, de m'exprimer. Ce rite initiatique allait m'être bénéfique et me permettrait de résonner avec les autres en apportant ma vision sur de nombreux sujets. Je pourrais ainsi oser dire, porter ma voix. Je me sens être de nature discrète avec tout à la fois beaucoup à dire, à communiquer, à partager, que ce soit par le biais de mon art ou de la parole que je porte. Je ne me suis néanmoins jamais sentie légitime de le faire, de peur de me tromper, d'envahir, de me trahir en étant mal reçue dans mes propos auprès des autres. Je sais maintenant que ma parole, que mon apport, ma vision, ma contribution peuvent être utiles à d'autres alors que je traverse des étapes difficiles de la vie pour en extraire son potentiel le plus élevé.

C'est maintenant ce que je fais. Il faut parfois davantage de courage à une femme qu'à un homme pour s'exprimer, alors qu'elle n'a pas été incitée pendant l'enfance à s'exposer aussi largement qu'un garçon, tant verbalement que par son positionnement physique. Porter sa voix publiquement, dire ce que l'on pense sans avoir peur du jugement, donner aux autres l'occasion d'avoir un avis sur nous peut s'avérer terrifiant. J'observe régulièrement que les femmes doutent d'elles-mêmes, attendent les parfaites circonstances, jusqu'à arriver à un degré d'excellence, d'étude ou de doctorat en quelque matière que ce soit, pour se sentir enfin légitimes de partager leurs perceptions. Ce livre est le fruit d'années d'apprentissage et de réflexion que je tente de transmettre de la manière la plus précise et concise possible.

Je suis un pèlerin sur le chemin qui partage ses expériences.

PORTRAIT DE LA VIE DE VERA

L'ENVIRONNEMENT DE VERA

Avoir sa licorne a de l'importance. Selon Vera et moi, nous avons tous notre licorne personnelle, munie d'une corne angélique au sommet de sa tête, d'une queue radieuse, de grands yeux bleus et d'un arc-en-ciel qui l'enveloppe.

Ce soir, Vera dort à Clairbois, l'institution de jour dans laquelle elle est suivie et accompagnée au quotidien par un personnel engagé, dont une logopédiste, des enseignants spécialisés, des ergothérapeutes, des assistants médicaux et éducatifs. Tous ont à cœur de faire progresser ma fille âgée de onze ans. Ces personnes font partie de nos vies et sont intégrées dans l'équipe qui nous entoure.

Y participent la pédiatre, qui coordonne tous les spécialistes et suivis thérapeutiques, ainsi que, bien sûr, la famille, constituée de grands-parents, d'un père, d'un beau-père, de demi-frères et sœurs et de sa maman qui trace ces mots. Je suis celle qui l'assiste, qui porte sa parole, aime, aide et veille en tout temps. Je me considère comme la touche-à-tout de Vera, son pilier, son bras droit, son verbe, son acolyte, son épaule, sa sécurité, son habilleuse, sa baigneuse, sa cuisinière, son aide à manger, sa secrétaire.

Je me munis de temps à autre de l'aide de quelques nounous qui viennent à la maison pour nous soutenir, Vera et moi, dans nos tâches et nos besoins.

Nous sommes l'une envers l'autre aidantes et aidées, donneuses et receveuses. De ma part, Vera reçoit l'écoute et l'aide au développement de son corps physique. Elle bénéficie du regard que je porte sur elle lui permettant d'être vue au-delà de son handicap. Ceci lui importe beaucoup.

En retour, je reçois de Vera des leçons de vie qui me font grandir. J'ignorais notamment ce que signifiait avoir le cœur ouvert avant qu'elle n'entre dans ma vie, bien que ce fût une quête à laquelle j'aspirais. J'avais compris intellectuellement que l'espace du cœur était un centre vibratoire qui concentrait toutes les énergies de notre corps. J'ai appris grâce à l'enseignement de Vera à ne plus clore cet espace en me protégeant contre de quelconques dégâts. Je ne peux pas contrôler tout ce qui entre dans ma vie et ce qui se montre à moi. Je ne peux que rester ouverte et accepter que tout n'est pas comme une part de moi l'aurait voulu. Je suis consciente que d'aimer ce que nous ne voulions pas nous ouvre à une plus grande ouverture envers nous-mêmes et envers autrui. Lors de cet apprentissage, j'ai senti un mur de protection tomber. Je pouvais dorénavant aimer au-delà de toute autre valeur. Je pouvais commencer à voir le monde selon d'autres perceptions et consentir à ce qui m'arrivait. Aujourd'hui, par le biais de son enseignement, je connais la valeur de l'ouverture du cœur au sein du tumulte. Je suis en mesure de m'appliquer à me maintenir droite, ouverte, alignée sur sa vibration qui m'incite à vivre plus largement.

Si je perds mon centre ou mon axe, les efforts demandés deviennent une trop lourde charge à supporter. Vera et moi aspirons à vivre une vie la plus normale possible, à aller au parc, à faire des sorties, à voir des amis, à prendre des goûters, à savourer la nature en chantant. Au vu de la réalité que nous vivons, cette simplicité ne sera possible qu'en considérant chaque instant de la vie le cœur ouvert.

Avoir un cœur ouvert signifie se maintenir au-delà du flot d'émotions qui tentent parfois de prendre le dessus. Le cas échéant, je désespère. Pourtant, je ne veux pas sombrer dans le râle et le désespoir, ni la sensation que tout devient pénible. Mon choix est clair, je connais ma voie : accepter tout ce que la vie nous offre, car elle ne met sur notre chemin que ce que nous pouvons traverser. Je suis persuadée que les aléas que nous rencontrons nous amènent systématiquement vers un potentiel plus élevé de nous-mêmes. Si un obstacle est sur notre route, si une situation qui nous est pénible se montre à nous, nous pouvons essayer de la fuir, mais elle nous rattrapera sous d'autres formes, dans d'autres conditions. Alors que si nous nous armons d'un peu de courage, de confiance et en acceptant que tout n'est pas parfait, nous pouvons grandir au travers de cette situation en apprenant d'elle ce qu'elle nous montre de nous. Nos adversités nous permettent de devenir plus forts, si nous prenons le temps de nous familiariser avec ce qu'elles provoquent en nous. Elles nous permettent d'aller approfondir les connaissances que nous avons de nous-mêmes, à nous apprivoiser, à nous aimer. Jamais, même dans les moments les plus difficiles, je n'ai eu de doute à ce sujet.

À la naissance de Vera, lorsque le diagnostic a été posé, le monde s'est dramatiquement transformé, le sol s'est dérobé sous mes pieds pour laisser la place plus encore qu'au vertige, à l'incertitude et à l'angoisse. Mon cerveau s'est éteint et je me suis endormie. Ce type de collapsus cérébral peut arriver en cas de lourds traumatismes. Pour revenir de cet état, il n'y avait qu'une seule solution : l'acceptation. Elle seule pouvait faire revenir ma conscience échappée. L'accord, le contrat tacite avec la vie me soufflait que si je ne me laissais pas porter par l'eau de la rivière, je nagerais à contre-courant, et je vivrais alors dans la souffrance.

Or, la souffrance n'est pas véritablement liée à ce que nous vivons, mais à la manière dont nous percevons les événements. Ainsi, j'ai pu contribuer à ce que ma conscience revienne et choisisse de coopérer activement avec ces bouleversements. Il me fallait trouver le moyen d'accepter ma nouvelle peau de mère d'enfant polyhandicapé avec le spectre autistique associé, de proche-aidante. J'étais sollicitée pour rendre viable cette vie en évitant la noyade.

« Proche », oui, c'est un fait. À aucun moment je n'ai abandonné ma fille dans mon cœur et j'ai toujours su qu'elle était un ange venu à moi, un guide pour mon âme. « Aidante », j'ai appris à le devenir, tantôt avec la puissance d'une tigresse pour défendre son petit, tantôt avec la tendresse de la Vierge Marie.

J'ai aussi connu le désespoir de ne plus trouver de direction, de ne plus reconnaître la sortie du tunnel, de n'apercevoir aucune issue. Je connais le *burn-out* et le parcours du combattant. Aujourd'hui, je ne m'étendrai pas sur ce sujet, non par pudeur, mais pour mettre l'accent sur l'immense paix que j'ai pu ressentir dès l'instant où j'ai baissé les armes. Quand il n'y a plus de guerre, il n'y a plus de guerrier à l'horizon, plus qu'une épée qui traîne dans la vaste plaine déserte. De là naissent la lumière et le calme inébranlable. Ici prend sa source non pas une émotion, mais un état d'être : la foi profonde en l'amour, en la paisible sérénité. Une retrouvaille permettant une profonde compassion envers soi et la gratitude envers l'enfant qui, au lieu d'être un fardeau, devient le déclencheur de cet état de grâce.

C'est de cet enfant que je vais vous parler tout au long de ce récit, un enfant d'amour et de gaieté, qui n'a rien voulu d'autre qu'être aimé pour qui il est, reconnu tel un être humain à part entière. Vera, je ressens tant d'amour pour toi.

Ce soir, tu dors dans ton institution de Clairbois, pour que je puisse avoir un peu de temps pour moi. Je suis venue t'apporter une peluche géante sous forme de licorne : nous savons toutes les deux qu'elle veille sur toi lorsque je ne suis pas là. Elle est grande, douce, fidèle et gentille. Son nom est *Merveille* et elle t'aime tant, tout comme moi. Elle porte sur toi un regard doux et aimant, elle accompagnera ton sommeil durant cette nuit. Je t'aime.

CE QUE TU COMMUNIQUES

Tu ne dis pas toujours ce que tu penses, Vera, et pourtant tu l'exprimes toujours explicitement. Tu pousses des cris de colère ou des hurlements de joie. Tes émotions sont toujours très intenses et c'est le minimum requis pour que tu puisses te faire comprendre, toi qui es exempte de parole. Il te faut bien trouver des moyens pour nous dire un peu de toi avec la soif d'expression qui est la tienne.

Dans un livre issu de ma bibliothèque de thérapeute, énumérant la signification des maladies et des raisons psychologiques qui se cachent derrière une pathologie, il est dit que les boutons de fièvre que tu développes autour du nez seraient liés à la frustration qu'engendre la difficulté que tu as de t'exprimer. Cette analyse semble, à mon regret, très correcte. Tu me le montres souvent lorsque, de rage, tu jettes par terre tout ce que tu trouves sur ton chemin. Tu me donnes beaucoup de travail à ramasser derrière toi. Tous les tiroirs de la maison se vident sur ton passage et il faut vite tout sécuriser lorsque tu es de cette humeur. Surtout, il faut essayer de comprendre ce que tu veux au fond de toi, alors que, parfois, tu ne le sais pas toi-même. Tu en as juste assez de vivre dans cette cage.

Puis passe la crise tout comme finit par passer toute chose. Après l'hiver vient le printemps. Dans ces instants compliqués, j'essaie de ne pas perdre de vue que nous vivons dans un monde impermanent, soumis à la loi de la relativité.

La relativité nous invite à ne pas nous emballer face à l'adversité, mais à nous rappeler qu'il en va du cycle naturel de la Terre que de traverser des périodes polarisées, c'est-à-dire qui nous montrent l'aspect négatif de quelque chose ayant un autre versant positif, que le bon et le mauvais co-existent en tout temps et par alternance. Certaines étapes sont plaisantes à nos sens et d'autres dérangent l'appréciation de ce que nous aimons. Il en est ainsi et nous ne pouvons rien y faire. Alors aussi bien faire la planche, se laisser chahuter par les vagues tempétueuses de l'océan et attendre que passe l'orage. Un jour, la planche (notre personne) sera déposée sur la plage, fatiguée, la tempête derrière elle. Viendra le temps de la reconstruction dans la paix. Chaque chose en son temps. Chaque période sa signification.

Le monde évolue à grande vitesse à tous les niveaux : politique, socio-économique et interpersonnel. Les cycles de construction/destruction s'enchaînent. Nous sommes conviés à nous détendre le plus possible et à avoir confiance dans les processus que nous percevons comme des effondrements. Nous pouvons nous apercevoir que nous sommes limités par nos croyances, par nos systèmes de pensées, par nos attachements et par nos attentes de ce à quoi les choses devraient ressembler selon nous. Nous pensons bien souvent détenir la vérité alors que nous sommes en réalité éprouvés par nos peurs du changement et de l'altération. Le monde est ainsi fait qu'il se compose en cycles dont les constitutions prennent fin alors que nous ne savons pas pourquoi ni comment. Notre mental n'aime pas l'ignorance, ne pas comprendre. Il prend alors peur et cherche en premier lieu le ou les fautifs à tel ou tel événement. Ces situations et la manière dont nous les vivons peuvent se résumer à la peur que nous avons de ne pas les maîtriser. Nous nous sommes projetés corps et âme dans une réalité dans laquelle nous défendons notre vérité, celle en fonction de laquelle nous aimerions arranger notre monde. Mais qu'en savons-nous, au juste, de ce qui est bon et de ce qui ne l'est pas ? Une tempête ravageuse peut aussi laisser la place à une nouvelle forme de vie. De même, nous ne savons que peu de choses au sujet de la vérité, outre que nous y ayons cru. Et si elle n'était que croyance ? Ce qui nous semble le plus juste et le plus « vrai » pour nous et pour nos proches ne l'est en fait que d'un certain point de vue. Souvent, à la vue de ce qui nous arrange. À une échelle plus grande, depuis une perspective élargie, quand nous prenons un peu de hauteur, nous pouvons souvent nous rendre compte par la suite que nous avons eu une vision étriquée et biaisée de la situation, de notre réalité que nous pensons être LA Vérité.

Que savons-nous véritablement de ce qui sert notre plus grand bien et l'élévation de notre âme ? Nous pensons parfois à tort que seul ce qui est agréable à notre ego est bon pour nous. Nous pouvons cependant aborder l'idée selon laquelle nous rencontrons des événements qui imputent la tension en termes de fortification de notre caractère ou d'altération de ce qui n'a plus lieu d'être. Ce sont rarement les traversées les plus paisibles qui nous forment à devenir de bons matelots. Dans l'adversité, nous forgeons notre esprit et pouvons trouver toutes les ressources nécessaires à l'intérieur de nous. **Nous devons creuser notre puits jusqu'à atteindre notre source.**

Il n'y a pas de vérité plus grande que la pureté de notre être dans son essence originelle. Nous sommes tous, à notre niveau fondamental et nucléaire, dans notre profondeur, des êtres purs qui aspirent à la joie, à l'apaisement et à l'amour. Nous trouvons ces qualités lorsque nous cessons de lutter envers et contre tout, lorsque nous revenons au centre de notre être véritable. C'est la seule vérité qui existe, celle de notre être, le reste n'est que relativité.

LES AIDES NÉCESSAIRES

Autour de ma fille et moi gravite tout un monde qui est là pour nous aider. Il est composé de trois nounous qui viennent à la maison par intermittence. Nous avons dû nous adapter à vivre avec des personnes extérieures à notre famille. J'ai pris beaucoup de temps à accepter, à comprendre que je n'allais pas pouvoir y arriver seule. Une culpabilité mordante me traversait à chaque fois que je laissais Vera aux soins d'une autre personne et que je n'étais plus celle envers qui elle pouvait se référer. Comme si, si je la « lâchais », tout s'effondrerait. Je ne peux pas décrire le détail du mal potentiel dans lequel aurait été Vera, je sais simplement que je me sentais indispensable à son bien-être, voire à sa survie. Cette croyance m'a causé beaucoup de fatigue, de désespoir et, *in fine*, un *burn-out*. J'ai dû déprogrammer cette idée forte et bien ancrée en moi pour pouvoir me libérer de la culpabilité en laissant Vera aux bons soins d'un autre individu. J'ai dû apprendre à faire confiance et à lâcher prise dans cette situation. Depuis, nous nous en portons mieux l'une et l'autre.

Je sais que Vera a sa vie à vivre et que je ne peux pas la protéger de tout. Elle est fragile et vulnérable, certes, mais elle a aussi sa mission de vie à exprimer, ses rencontres à faire, des personnes à rencontrer et à impacter. Je souhaite à beaucoup de personnes de rencontrer Vera de leur vivant et de se laisser influencer par ce petit être magique et si charmant.

Il ne s'agit finalement pas d'abandonner son enfant, mais d'abandonner la croyance de notre indispensabilité.

UN FRAGILE ÉQUILIBRE

Proche-aidant et épuisement, voilà tout un thème sur lequel je pourrais disserter pendant des heures.

Vera fait partie des individus qui ont la faculté de vous énergiser d'un amour à son apogée et de vous user jusqu'à la moelle à d'autres moments. Ce livre n'est pas dédié à la complainte, mais ce serait mentir que de prétendre vivre sur un long fleuve tranquille et facile. Il n'est pas rare, au moment de fermer la porte de la maison pour aller travailler après son départ pour l'école, que je pleure dans la rue tout le long du chemin, relâchant ainsi la pression de mes nerfs éreintés.

Je compare souvent la prise en charge de Vera à celle d'un nourrisson, à la différence que la période intense du nourrisson ne dure pas toute une vie, mais quelques mois. En toute honnêteté, je ne sais comment est un nourrisson ordinaire, mais c'est la période la plus proche à laquelle je peux me référer pour que d'autres personnes comprennent comment se passe la vie au quotidien.

Il suffit donc qu'une nounou tombe malade ou se désiste au dernier instant pour que tout l'équilibre fragile que nous avons pu établir flanche totalement. Pourtant, il me faut trouver le moyen de tenir sur le long terme. Si je flanche, tout tombe avec, le gratte-ciel s'effondre. Vertigineux est le poids de la responsabilité.

Si j'abdique et ne réponds plus présente pour Vera, elle ne peut plus se vêtir, se nourrir, ses couches se souillent, son monde dysfonctionne. Voilà mon constat. Je prends donc soin d'instaurer des moments durant lesquels je peux me rétablir entre mes gardes. J'ai dû apprendre des techniques de restauration rapide. Je ferme notamment les yeux et inspire dans toutes les cellules de mon corps une lumière pure, revigorante de source qui m'énergise. Cette respiration me redonne la paix et l'amour dont j'ai besoin pour continuer.

Je me relie par la pensée à mes amis chers, et rien que leur présence dans mon esprit a une importance infinie pour moi. Je ne peux compter que sur moi et sur ma capacité à trouver mes propres ressources. Ceci est d'autant plus utile dans les moments durant lesquels je ne peux pas bénéficier d'aide d'autrui dans l'immédiat.

Je ne peux pas prévoir la crise et m'assurer qu'une personne-ressource sera sur place à ce moment donné. Si je ne peux pas trouver d'aide et de soutien dans la matière, la seule assistance dont je bénéficie en tout instant se trouve dans l'invisible.

Elle est issue d'énergies subtiles d'amour et de protection autour de moi. Voilà ce que j'ai appris. Nous sommes beaucoup plus entourés que nous ne le croyons. Nous avons tous à l'intérieur de notre être les capacités d'y arriver, de sortir du noyau opaque qui nous entoure et de refaire surface à la lueur du jour. À la lumière de la vie.

AU SOMMET DES ÉPREUVES

De temps à autre, nous faisons face à la maladie dans la maladie. Lorsque Vera tombe malade, ce qui était le cas cette semaine, plus rien ne tourne. Les petits arrangements trouvés pour faire fonctionner le grand tout deviennent caducs. Notre vie à Vera et à moi est millimétrée jusqu'au moindre détail pour assouvir le besoin de stabilité d'une petite fille polyhandicapée et autiste. Quand elle tombe malade, on ne dort plus la nuit, le cycle nocturne est interrompu, ce qui la panique autant que de ne pas comprendre ce qui se passe dans son corps meurtri.

Les gestions de rhume, de fièvre ou de gastro sont les épisodes les plus exigeants et éreintants que je connaisse. Je compte en parallèle les heures de retard que je prends dans mon travail et que je vais devoir rattraper. Lorsque Vera est prête à retourner à son institution de jour, je retourne travailler les épaules tendues et les larmes aux yeux d'épuisement en me disant que ce sera une bonne pause en comparaison avec ce que je viens de vivre.

NOTRE FAMILLE

Nous vivons dans une famille recomposée, un groupe d'individus qui tous ont leurs activités, leurs envies et leurs idées.

Lorsque des parents se séparent et laissent place à un nouveau conjoint, l'événement peut être difficile à vivre pour les enfants et pour la famille respective de manière générale. Je n'écris pas ce livre pour parler de cet aspect-là de ma vie, mais je trouve intéressant de savoir que c'est dans cet environnement que Vera et moi évoluons, un monde issu de la rencontre d'un homme père de trois enfants et d'une femme mère d'un enfant polyhandicapé.

Nous avons toutes les deux, Vera et moi, eu envie de grandes interactions avec les membres de notre nouvelle famille et avons vécu ensemble sous le même toit avec des enfants dont les besoins et capacités différaient grandement des nôtres.

Les enfants de mon conjoint ont tous fait preuve d'une grandeur d'esprit que je tiens à saluer ici, en s'adaptant et en apprenant à vivre avec une femme qui n'est pas leur mère et avec une demi-sœur handicapée avec le spectre autistique associé. Je pense qu'ils ont ainsi vu beaucoup plus de choses que la majorité des personnes de leur âge.

Au tout début, nous avions essayé de créer une synergie familiale, de partir ensemble en vacances, mais le résultat n'a pas été très convaincant. Deux groupes distincts se créaient. Vera et moi d'un côté, le groupe de mon conjoint de l'autre. Nos enfants n'ont pas les mêmes âges et surtout, pas la même autonomie. Le parti pris a été de favoriser les activités pour ceux qui voulaient et pouvaient les faire. Certains moments étaient dédiés aux uns, puis aux autres. La cohésion familiale s'est faite autant que faire se peut.

Aujourd'hui, j'ai engagé un de mes beaux-fils qui s'occupe régulièrement de Vera et est un nounou hors pair tant il la connaît bien. Je n'ai même pas eu besoin de le former. Elle n'avait que deux ans et lui neuf lorsqu'ils se sont rencontrés. Il l'appelle « ma petite Vera », signe que quelque chose se passe au-delà de ce que l'on voit et qu'un beau lien a pu se tisser entre eux.

Et en ce qui concerne les vacances, j'ai longtemps cherché un endroit adapté où partir seule avec Vera, puisque nous ne partons pas en famille, et je cherche toujours. La plupart du temps, nous allons chez mes parents qui m'aident volontiers hors des périodes scolaires. Notre maison familiale se trouve en Suède, dans l'archipel de Stockholm. La petite maison en bois rouge traditionnelle est un lieu de ressourcement pour Vera et moi, dans lequel nous passons nos étés, sur une île au bord de l'eau, entourées d'une nature verdoyante, douce et paisible dans laquelle vivent différentes espèces animales sauvages. J'y rencontre le lièvre durant la course à pied du matin et y vois le renard curieux s'approchant de ma fenêtre à l'aurore. Les élans y peuplent la forêt alors que les biches visitent notre jardin.

LES DIFFICULTÉS FIDÈLES AU RENDEZ-VOUS

Partant du principe que nous rencontrons tous des difficultés de vie à la hauteur de ce que nous pouvons endurer, je dois régulièrement me souvenir de prendre mon courage à deux mains et de ne pas m'enliser vers le bas. Je sais de manière irréfutable que j'ai un message à recevoir, à comprendre, quelque chose à apprendre, une opportunité à grandir. Grandir n'est pas une fin en soi, mais en grandissant viennent l'ancrage, la stabilité et la sérénité. Et j'aspire à vivre heureuse.

La vie me fait le cadeau de dévoiler mes failles, de remettre en question les croyances qui me limitent et m'empêchent de me réjouir de tout ce que m'offrent le monde et la vie dans toute sa splendeur et sa subtilité. Il est vrai que ces offrandes sont souvent camouflées sous un amas de boue que je dois d'abord essuyer avant de percevoir le diamant irradiant qui se cache derrière. Durant le processus de nettoyage, j'ai le loisir de passer par toutes les étapes, de la crise de larmes liée à l'insoutenable de la situation, de la désespérance, de la peur de flancher, parce que si je ne tiens pas, tout tombe avec moi, à la culpabilité de ne pas avoir été à la hauteur pour traiter l'état de maladie de ma fille.

Je me demande si, lorsqu'elle a de la fièvre, elle a en réalité une otite, ou si elle est en souffrance sans pouvoir me le communiquer. Et si ses crises régulières étaient liées à une douleur que je n'ai pas su percevoir ? Et si je n'ai pas réussi à capter ses messages et ses paroles comme il l'aurait fallu pour la guider à bon port ? Quand s'inquiéter et quand laisser couler ? Cette deuxième option est à certains moments nécessaire au bénéfice de pouvoir vivre une vie approximativement ordinaire, sans courir coûte que coûte chez tous les médecins à la première inquiétude. Je tente de trouver la voie du milieu.

SE RÉALISER

J'essaie de mener une vie de femme en parallèle de celle de mère élevant seule son enfant polyhandicapé. Car même si Vera et moi avons d'autres personnes autour de nous, nous ne sommes pas entremêlés à la manière d'une famille nucléaire, mais vivons dans une sorte de colocation familiale. J'y suis la seule responsable de Vera. J'essaie en plus d'étudier, de travailler et de contribuer à la société d'autres façons.

Pour mon propre bien, j'ai besoin de ne pas être uniquement identifiée au rôle de proche-aidante auprès de ma fille. J'ai encore envie de me réaliser dans ce monde qui reste le mien. Cette envie me semble parfois vaine tant il ne me reste que peu de temps et d'énergie. Est-ce vraiment sage de vouloir exister pour autre chose que ce que la vie semble proposer ? Je suis en lutte, car je ne me résous pas à rester cloîtrée dans ce vase clos du handicap. Je veux vivre, je veux participer, je veux exister au-delà des murs de ma maison, des Pampers souillés, des repas mixés donnés à la petite cuillère et des soins primaires d'hygiène.

Je constate l'existence jumelée des travailleurs de l'ombre et des travailleurs dans la lumière des phares. Certains d'entre nous sont visibles et reçoivent l'approbation des autres pour les valeurs qu'ils expriment ou leurs actions. D'autres agissent cachés de la vue du monde. Certains ne rêvent que d'une chose : se rendre aussi invisible que possible et traverser la vie aussi discrètement qu'une petite souris, ni vu ni connu. Tous, indépendamment des inclinaisons, participent activement au monde que nous formons.

Nous sommes parfois même porteurs de ces différents penchants en fonction des situations dans lesquelles nous nous trouvons. Ensemble, nous formons un tout, une civilisation, une humanité remplie d'acteurs tous aussi importants les uns que les autres. *In fine*, nous avons tous besoin d'exister pour faire circuler la roue de cette énorme évolution qui nous mène je ne sais où.

DES BESOINS DIVERGENTS

Depuis quelque temps, depuis la rentrée scolaire de fin août (nous sommes bientôt à Noël 2021), Vera ne veut plus s'habiller le matin pour partir à l'école. Par son refus de troquer son pyjama pour ses habits de jour, ses pantoufles pour ses bottines, elle me signifie qu'elle voudrait rester avec moi à la maison toute la journée, que nous ne soyons jamais séparées, que nous restions ensemble, juste elle et moi. Elle s'entoure volontiers d'autres personnes de temps à autre, mais surtout, elle veut rester avec sa maman. Dans ma tête, je suis déjà en train de réfléchir à tout ce que j'ai à faire dans la journée et à combien il me serait impossible de tout mettre en arrêt pour ne m'occuper que de Vera. Et pourtant, je le pourrais si c'était véritablement ce que je voulais. Mais si je veux être honnête avec moi-même, la réalité est autre.

La vérité est que si j'arrête tout pour ne m'occuper que de Vera, je me sens comme un oiseau enfermé dans une cage, alors que de son côté, elle ne demande que ça : pouvoir rester enfermée une journée tout entière avec moi. Ceci implique que je mette une croix sur toute activité professionnelle qui me passionne. Mes diverses activités culturelles de concerts ou d'expositions, les soins énergétiques que je prodigue, les cours de yoga que je donne, les enseignements que je transmets. Je ne peux plus non plus prendre le temps de me former à de nouvelles pratiques thérapeutiques pour étoffer mon offre actuelle. Je ne peux pas même prendre un livre, m'asseoir sur le canapé pour méditer le soir, sortir faire une promenade sur des sentiers de forêt. Le monde de Vera est des plus limités, et si, lorsqu'elle va bien, je trouve méditatif de rester au calme dans un environnement qui lui est propice, il m'est aussi nécessaire d'assouvir mes besoins de dépenses énergétiques par le sport et en exerçant une activité professionnelle qui me nourrit. Lorsque je m'occupe de Vera, je me lève à 5 h 00 du matin pour avoir un peu de temps pour moi. Le reste de la journée, il n'y en a pas. Ces moments très matinaux sont essentiels pour moi et pour mon équilibre. J'y pratique la méditation et le yoga.

Lorsque Vera est malade, j'anticipe la journée tout entière où je suis à son service, dans mon abnégation, dans la réponse incessante à ses besoins multiples et variés. Je pense à combien mes nerfs sont tendus après de telles journées quand je reste à la maison pour ne m'occuper que de Vera, écouter ses pleurs et ses râles dans un sentiment d'impuissance profond.

Je pense que Vera, puisqu'elle ne peut pas parler pour exprimer ses maux, les hurle d'autant plus fort par diverses façons, et aussi bien dans sa manière de se comporter, pour bien me faire comprendre qu'une situation est ingérable pour elle. Je redoute du plus profond de mon cœur ces moments. Ils éveillent mon désarroi le plus cuisant. Personne ne sait révéler ces sensations en moi autre que Vera.

Malheureusement pour elle et pour moi, sa maladie génétique rare lui confère une défense immunitaire faible qui lui vaut de nombreux épisodes de maladie. Impossible de l'envoyer à l'institution ces jours-là, car les autres enfants sont majoritairement comme elle, des êtres fragiles. Une toux, un rhume virent à la bronchite, une gastro équivaut à une hospitalisation réelle ou potentielle. L'épée de Damoclès flotte au-dessus de nos têtes et peut tomber à n'importe quel moment. Je vis dans un état de vigilance constant, et même lorsque rien ne se passe, je guette le prochain épisode avec effroi. Pour cette raison, je ne me repose jamais.

J'entends dans mon esprit ses hurlements dans la nuit, comme un autre d'antan aurait craint le loup. Le loup chasse sa proie et la proie fuit. Sauf que dans notre cas, c'est moi qui suis appelée par le réflexe de fuite pour éviter de m'éteindre totalement. J'ai parfois la sensation que cette situation aura raison de mon dernier souffle de vie, de la dernière flamme qui s'anime en moi. Je crains mon extinction. Je crains l'anéantissement de mon esprit.

Je suis tellement désolée de m'exprimer ainsi au sujet de ma Vera. Je m'en veux de ces sentiments. Elle n'est qu'un petit être d'amour en difficulté qui cherche à passer du temps avec sa maman.

NOTRE SOUVERAINETÉ, LA LIBERTÉ

Reconnaître la difficulté sans s'y morfondre est peut-être un des plus grands exercices que nous ayons à faire en tant qu'être humain. Nous nous y exerçons. Vivre, flancher, s'exprimer sans se complaire dans la plainte ni s'y identifier. De cette manière, nous pouvons rester critiques au sujet de ce que nous percevons de prime abord, rester vigilants vis-à-vis de la première lecture que nous faisons de la situation. N'est-ce pas là qu'une interprétation subjective d'un même incident qui aurait pu être vécu de tant de manières différentes ?

Toute personne vivra une situation au travers du filtre qui est le sien. Il y a autant de réalités que d'êtres. Puisque nous n'avons pas tous les mêmes blessures et talons d'Achille dans notre psyché, nous ne serons pas atteints de la même manière dans une même situation. Alors que certains seront offusqués par un regard de travers s'ils portent en eux la blessure de ne pas être aimés, sur un autre ce regard glissera, car il saura en son for intérieur que la personne est mal lunée et qu'il a confiance en lui. Il n'en sera pas touché. Un même incident peut être reçu avec une indulgence dont nous serions incapables. Le jour où nous comprenons que nous sommes les seuls responsables de la vision que nous avons d'un événement, une grande étape a été franchie.

En outre, nous sommes les seuls responsables de la façon dont nous recevons une situation. Nous avons la possibilité de retenir une vibration positive ou négative, différentes qualités d'émotions et de sensations. Nous sommes les seuls responsables de nos joies et de nos peines. Aussi dérangeant que cela puisse paraître, je vous invite à prendre en considération cette idée. Personne ne pourra jamais prendre notre sensation de joie, à moins que nous ne le laissions la prendre, de même que personne n'aura le pouvoir de nous nuire si nous ne le permettons pas. Nous sommes souverains dans notre royaume. Notre pouvoir n'est limité par celui d'aucun autre. Nous devons toutefois consciemment faire ce choix, et une fois la décision prise, rien ni personne ne pourra nous empêcher.

Je suis la seule responsable de ma fréquence vibratoire lorsque je m'occupe de Vera. Elle a beau tout jeter par terre, râler, tout casser, je suis la seule à m'en offusquer ou pas. Je suis la seule à avoir le pouvoir sur ce choix. C'est là seul que réside mon véritable pouvoir, celui de choisir ma perception de la situation. À l'endroit du choix, infiniment restreint, dont je dispose, réside la souche de mon libre arbitre.

C'est depuis cet endroit que mon être peut gagner en expansion au-delà de toute limitation. Depuis cette faille dans la roche, je suis l'être le plus libre et le plus heureux qui soit. Depuis cet espace extrêmement étroit, je choisis de vibrer sur mon plan le plus haut, d'éclairer mon être de ma propre lumière et, si possible, de faire briller le phare de ma lumière dans la nuit.

Si je peux garder mes fréquences hautes, en choisissant la voie de la liberté de l'Être plutôt que celle de l'obstruction, je peux prendre mes frères et sœurs par la main et les aider à trouver en eux-mêmes leur propre voix de Liberté. La Liberté est tout ce qui est. De même que l'Amour et la Vérité Une sont les seules choses qui soient. En réalité, ce ne sont que des mots différents qui ont tous la même signification. C'est par la voie de l'Amour que nous trouvons notre liberté, c'est par la voie de l'Amour que nous accédons à la Vérité de ce que nous sommes dans l'intérieur de notre être profond. C'est dans l'intérieur de notre vérité que nous pouvons être libres. Nous trouvons cette liberté non pas dans un environnement extérieur, par des subterfuges matériels ou par des personnes qui nous gratifient, mais par le laisser-être et le lâcher-prise de ce que nous ne pouvons pas contrôler. Nous pouvons prendre n'importe quelle situation sur laquelle nous n'avons pas le contrôle et voir à quel point nous nous sommes battus pour que les aspects changent autour de nous, pour que les personnes soient comme nous voudrions qu'elles soient, pour que notre réalité réponde à toutes les attentes que nous avons. Nous nous perdons dans les expectatives et dans ce que nous avons imaginé de bon pour nous. Nous nous coupons de nous à chaque instant où nous luttons ou mettons toute notre force pour que les autres ou les situations changent à notre avantage. La seule libération est de ne plus lutter, de ne plus chercher à contrôler, d'abdiquer. Nous pouvons certes nous apercevoir que nos actions et marges de manœuvre sont limitées, mais ces limitations ne font pas de nous des êtres limités. Bien au contraire, c'est lorsque nous faisons face à ces limitations apparentes que nous pouvons explorer notre espace intérieur qui sollicite notre attention. Alors que les murs se referment sur nous, nous ne prenons pas peur, mais laissons la vie sous toutes ses formes se déployer devant nos yeux, avec tous ses aspects plaisants à nos sens et ceux qui ne le sont pas.

Il va sans dire que cet état de grâce se laisse parfois désirer, surtout dans les moments durant lesquels nous en avons le plus besoin. C'est là tout le défi, et c'est pourquoi il est si utile de s'entraîner à y accéder rapidement en alimentant notre Être au quotidien de hautes vibrations par le biais de la méditation, de l'auto-hypnose ou de toute autre forme de travail conscient sur notre mental. De la sorte, quand tout se coince et se rétracte autour de nous, nous avons l'accès facile pour y retourner, nous connaissons la voie, nous savons par où passer, et les sillons sont déjà bien creusés.

Accéder à l'état de paix lorsque la tempête a déjà commencé à nous bousculer est, de mon expérience, très compliqué. D'une part, si la tempête imprévue nous emporte alors que nous n'avions pas le temps de nous préparer, il est bon de savoir que l'on pourra ré-accéder à notre état de paix plus tard. Il est important de connaître et de reconnaître sa capacité à retrouver le calme de son Être. C'est la loi de la relativité. D'autre part, plus nous nous exerçons par le biais de différentes pratiques (la marche en forêt, la méditation, la respiration consciente, etc.), plus nous aurons de chance de ne plus nous faire surprendre par la tempête, mais de rester calmement au centre du cyclone en attendant qu'il passe. C'est une pratique de la discipline.

Je transmets ces enseignements en toute simplicité et sans jugement. Je suis de tout cœur avec toutes les personnes qui vivent les aléas de la vie de plein fouet. Je sais que cet enseignement n'est pas facile à appliquer en tout temps, et pourtant, de mon expérience, c'est là la seule voie qui nous engage vers une libération durable. Nous avons la possibilité de toujours soutenir les êtres que nous sommes véritablement dans notre lumière, dans notre calme, dans notre sérénité. Tout autre état d'être est inadapté à qui nous sommes, même si nous y sommes habitués. Nous pouvons tout à fait accepter que notre monde est fait d'aspérités et que ce sont des passages inéluctables à traverser. Ces lignes sont écrites pour nous rappeler quel est notre potentiel et quelle est notre direction. Ainsi, lorsque nous faiblissons, nous pouvons nous souvenir de notre cap qui œuvrera tel un guide pour nous. La direction est notre cordon le long de la Via Ferrata.

Il n'y a aucun reproche ou critique de la manière dont les uns et les autres gèrent leurs difficultés, car j'en connais aussi. Il m'est cependant impossible d'expliquer la vie qui est la mienne aux côtés de ma fille sans mentionner cette philosophie pratique. Je suis de cœur à cœur avec toutes les personnes qui doivent s'arranger de leur vie.

MA PREMIÈRE RENCONTRE AVEC VERA

Sur le papier, tout allait bien. Deux jeunes futurs parents en bonne santé, sans antécédents familiaux de maladie congénitale. Nous ne cherchions pas forcément à fonder une famille, mais n'étions pas réfractaires à l'idée non plus. Vera s'est manifestée le jour où elle choisit d'être là. Je menais une vie ordinaire composée de ma pratique artistique et des cours d'art que je dispensais dans mon atelier ou dans des établissements scolaires. Parallèlement à cela, je me dédiais à la méditation et au yoga dans une recherche spirituelle personnelle. Mon art a lui aussi toujours été imbibé par mes perceptions de l'invisible, même si je n'osais pas en parler à cette époque. La pratique de la guérison et des soins énergétiques m'est apparue à l'adolescence et je ne l'ai par la suite pas pratiquée professionnellement. J'avais encore besoin d'évoluer avant d'être à même de nourrir d'autres personnes et de les accompagner. J'avais 28 ans quand la présence de Vera s'est dévoilée dans son essence alors que je m'endormais. Sa lumière était la plus puissante que je n'avais jamais vue. J'ai été éblouie, même si, à l'époque, je ne comprenais pas bien ce qui se passait. J'ai ressenti sa charge, sa qualité vibratoire, comme une déesse dans son Olympe qui se dressait devant moi.

L'ovocyte a été fécondé, le zygote commençait son cycle de vie, son interphase, prophase, métaphase, anaphase, télophase, cytocinèse. Ce que j'ignorais était que la division cellulaire opérait avec un brin d'ADN défectueux que l'ARN continuait à reproduire inextricablement. Vera formait son embryon unique à l'abri du regard de tous.

J'avais pour habitude de me promener dans la forêt aux alentours de chez moi avec ma chienne, Ether. Je parlais avec l'enfant que je portais dans mon ventre et lui demandais quel était son nom. Je lui racontais à quel point je l'aimais déjà. Je lui souhaitais la bienvenue dans ma vie et dans ce monde qui allait devenir le sien. Dans mon imaginaire, nous dansions toutes les deux en rond en nous tenant par les mains dans les champs fleuris. Nous étions vêtues de robes blanches et légères avec des couronnes végétales que nous aurions ensemble tressées et déposées sur nos cheveux blonds. Je projetais mon enfant avec un nom suédois – la Suède étant mon pays d'origine –, une petite Hilda ou Tilda, une vraie petite Suédoise stéréotypée.

Je lisais à l'époque le livre *Les neuf marches* d'Anne Givaudant et Daniel Meurois, qui explique le parcours de l'enfant avant sa naissance en proposant une vision holistique du processus d'entrée dans la vie. Je comprenais que l'enfant en devenir avait déjà beaucoup à exprimer et qu'il était plus qu'utile d'entrer en communication avec lui.

Puis ma fille, un jour, me fit savoir qu'il y avait un « e » et un « r » dans son prénom. Je pensais d'abord à Erna, l'aiglon, en hommage à Erna Omarsdottir, ma danseuse contemporaine préférée. Mais quelque chose ne résonnait pas. Un jour, en me réveillant, j'ai entendu dans mon esprit le nom « Vera », et j'ai instinctivement pris peur. Non, je ne voulais pas « Vera », parce que j'ai tout de suite vu avec les yeux de ma conscience l'image d'une petite fille brune et polyhandicapée. Je reçois depuis toujours ce que j'appelle mes « flash infos », qui sont comme des connaissances évidentes qui viennent à moi. L'image que je pourrais donner est celle d'un dossier téléchargé dans un ordinateur. L'information est enregistrée. Je n'ai pas besoin de lire, d'entendre ou de voir, tout simplement je sais.

Une fois l'ébranlement passé, me convainquant que ma pensée me proposait une vision erronée, j'ai cédé à l'envie de ma fille d'être nommée Vera. En revanche, elle serait blonde et en bonne santé, pas brune et polyhandicapée, cela, je ne le lui concéderais pas.

Le temps a passé. Mon ventre grandissait et les rendez-vous médicaux devenaient de plus en plus fréquents. Des anomalies ont été détectées au niveau du cœur, de la croissance et des reins qui n'avaient pas l'air de bien fonctionner. Nous devions procéder à une amniocentèse dont le résultat a été négatif. Pas de trisomie, me disaient les médecins, tout va bien. Voilà le discours qui nous a été servi.

Les examens se poursuivaient pourtant, l'oxygène venait à manquer dans le placenta, il fallait accoucher d'urgence prématurément et par césarienne.

Toujours pas de déclaration de handicap, l'amniocentèse avait évacué les doutes de mes interlocuteurs. Les médecins se privaient de nous inquiéter inutilement, nous ont-ils avoué *a posteriori*.

Personne ne pouvait deviner quel était le gène malade de Vera, s'il y en avait un, où il aurait fallu aller le chercher. En l'absence de possibilité d'examens médicaux réalisables ou parce que trop chers, trop compliqués, on a préféré ne rien nous dire.

Je sais aujourd'hui que tous les médecins portaient le doute en eux. J'ai même appris par la suite que le service juridique de l'hôpital où ma grossesse était suivie avait déjà préparé un contre-dossier juridique au cas où nous les attaquerions. Nous ne l'avons pas fait.

La grossesse arrivait à son terme et Vera fut extraite de mon ventre. L'ambiance était étrange et assez stressante, une salle pleine de non-dits. Je ne savais rien, je ressentais le malaise, la discrétion du personnel soignant, pour ne pas dire sa réserve.

Je suis de nature très optimiste et je ne me laissais pas abattre pour autant. Les autres avaient beau ne pas rayonner de joie, moi, je souriais. Je donnais malgré tout naissance à mon enfant.

Je n'ai vu son corps que l'espace d'un millième de seconde : ils ont sorti mon tout petit bébé, à peine plus grand que ma main, et sont partis avec. On a pu à peine entendre un son. Pas de bébé qui crie. En la soulevant, j'ai juste eu le temps d'apercevoir qu'elle était brune et velue. Son dos était couvert de poils noirs, ses cheveux épais étaient encore collés à sa tête par le liquide amniotique.

Je retrouvais Vera plus tard, intubée, pleine d'électrodes et en couveuse. Elle était couchée à côté de moi et une plaque de verre nous séparait. Je ne pouvais pas la prendre sur moi, puisqu'elle aurait été en manque de la chaleur issue de son abri de verre. Je lui tenais la main par le biais du petit orifice dédié à cet effet et lui chantais des chansons. Mary Poppins et d'autres berceuses suédoises de mon enfance. Puis nous avons été conduites au service de néonatologie où étaient soignés tous les bébés prématurés.

Je commençais à regarder les autres enfants autour de nous. Je voyais qu'ils étaient différents de la mienne. Ils n'avaient pas les mêmes doigts, les mêmes mains, les mêmes proportions. Ils étaient tous un peu plus grands. Ils n'avaient pas le même aspect. Je me suis mise à poser des questions aux infirmières qui, embêtées, n'arrivaient pas à me répondre. Mon inquiétude montait. Et si Vera était handicapée ? Et s'il y avait quelque chose qui n'allait vraiment pas ? Soudainement, les soucis et la tristesse des autres parents qui avaient un enfant prématuré semblaient futiles. Eux n'avaient « que » ce deuil-là à faire.

Vint le jour de l'annonce. Nous avons été convoqués par les médecins, éthiciens, généalogistes et obstétriciens de l'unité. Évidemment, nous n'étions pas à l'aise. Une boîte de mouchoirs était posée sur la table blanche de la salle aseptisée. Les blouses blanches nous attendaient. Nous nous sommes installés et le verdict est tombé :

— Votre fille est atteinte d'une maladie génétique rare appelée Cornélia de Lange. Un enfant sur 10 000 naît avec cette déficience.

Je n'ai plus rien compris. Je n'ai rien compris à ce que l'on me disait. De quoi me parlait-on ? Tout était si flou. Je ne comprenais pas. Je posais des questions en balbutiant.

— Et qu'est-ce que cela implique ?

Les médecins me disaient qu'ils ne le savaient pas dans les détails, le spectre de la maladie étant très large.

— Est-ce qu'elle pourra marcher ?

Ils ne pouvaient répondre avec certitude à cette question, certains enfants le peuvent et d'autres pas.

— Est-ce qu'elle saura parler ?

La majorité des enfants atteints de cette maladie génétique ne sauront jamais parler. Il est possible que cela arrive, mais c'est une éventualité.

— Quelle est son espérance de vie ?

Personne ne pouvait prédire la durée de vie d'une personne atteinte par cette maladie. Certains enfants meurent très jeunes, alors que d'autres peuvent vivre un peu plus âgés. Les médecins en connaissaient qui avaient trente ans. Il ne fallait pas forcément espérer plus loin.

Mon monde s'est écroulé. Le sol s'est dérobé sous mes pieds, les murs se sont mis à tourner dans un vertige puissant. Mes larmes coulaient. Je ne pouvais rien faire d'autre que pleurer. Je suis allée voir Vera dans sa couveuse, j'ai mis mes mains sur le verre et lui ai dit : « Vera, dans quel monde est-ce qu'on t'a forcée à naître ? »

La naissance de Vera n'avait rien eu de naturel. La nature aurait voulu qu'un enfant viable fasse son chemin d'évolution naturelle puis naisse par voie basse. Le parcours vers la naissance de Vera a été tout différent. Sans intervention médicale hebdomadaire à partir de cinq mois de grossesse, sans appareils de pointe, sans césarienne, Vera n'aurait jamais vu le jour. Je me suis demandé si c'était elle qui avait voulu cette voie-là, médicalement assistée, ou si la médecine moderne avait interféré dans le cycle naturel de sa vie.

Elle m'a interpellée pour la première fois de son regard pénétrant. Je l'ai entendue dire à mon âme : « Oui, mais, maintenant, je suis là. »

J'en ai été bouche bée. Mes larmes se sont arrêtées l'espace d'un instant.

Son papa est venu me chercher et nous sommes rentrés chez nous. Dans la voiture, je me suis endormie. Mon cerveau et tout mon système se sont éteints. Nous sommes arrivés à la maison que je n'avais pas vue depuis plus d'une semaine, j'ai revu ma chienne, Ether, que je considérais comme ma première fille. Elle allait bien, elle, mais était simplement un chien, pas mon enfant.

Je me suis écroulée dans mon lit et ne suis plus sortie de ma chambre deux jours durant. Nous avons passé des appels, envoyé des messages à nos familles et à nos amis proches, nous avons reçu leurs consolations et vu le désarroi dans les yeux de nos parents, démunis.

Nous avons fait des recherches autour de la maladie de Vera. J'entendais le pleur de mon compagnon de l'époque. À la vue d'une image d'un enfant atteint par la même maladie, il a dit : « Mais c'est un monstre ! »

Ma culpabilité commençait à grandir. J'avais donc porté un monstre dans mon ventre ? Lui qui ne voulait pas vraiment d'enfant, qui ne s'était pas réjoui à l'annonce de sa paternité, se retrouvait maintenant « par ma faute » père d'un enfant handicapé. Nous nous sommes promis de ne pas nous quitter, parce qu'une séparation au milieu de tout ce drame serait trop dure à supporter. Il fallait rester soudés. Nous n'avions pas le choix.

LA SITUATION ÉVOLUE

COMPRENDRE

Nous savons tous aujourd'hui que Vera n'a rien d'un monstre, mais tout d'une petite fille adorable et parfaitement coquette. Je mesure maintenant la peur panique qu'engendre la différence, une différence qui est avant tout dictée par notre monde de normes. Nous n'avons, à vrai dire, aucune idée de ce à quoi ressemble la vie d'une personne polyhandicapée si nous ne l'avons pas approchée de près. Nous ne savons pas si elle souffre ou non. Nous ne savons même pas s'il est possible de l'aimer. À l'époque, je ne le savais pas. Surtout, je n'y étais pas du tout préparée.

Je ne connaissais aucune personne polyhandicapée autour de moi et ne savais pas du tout à quoi m'accrocher. Je n'avais aucune notion de la réalité concernant ce monde totalement caché, isolé du regard de la société. Il ne représentait pour moi qu'un monde à part, sans forme, sans joie, un monde de désespérance et de désarroi.

Les temps ont changé. Je sais, dix ans plus tard, que Vera est heureuse, ravie d'être sur Terre. Je dirais même que par moments elle jouit d'une sensation de liberté. Elle est un petit être magique et magnifique. L'eau a coulé sous les ponts.

VERA, UN EMBLÈME DE LA TRANSITION VERS DE NOUVELLES VALEURS

Nous sommes restées longtemps à l'hôpital, Vera et moi. Je suis revenue la voir après l'annonce. Je ne pouvais pas abandonner mon enfant. Handicapé ou pas, c'était un être humain qui méritait de recevoir l'amour de sa mère. Je suis retournée la chercher à l'intérieur de la couveuse dans laquelle elle était couchée, seule avec les soins infirmiers. Elle était nourrie par sonde, parce qu'elle ne pouvait rien ingérer par elle-même. Si elle n'avait pas été nourrie de cette manière-là, par une sonde à travers la bouche ou par le nez, dans laquelle, à l'aide d'une seringue, on infusait du lait artificiel, Vera n'aurait pas survécu. Si elle avait été mise au monde cinquante ou même vingt-cinq ans plus tôt, Vera n'aurait pas survécu. Elle a vécu parce qu'elle est née en 2012, soutenue par la médecine moderne, lors d'une année charnière de changements. L'année de naissance de Vera représente pour beaucoup d'entre nous sur la voie de la spiritualité le basculement vers une nouvelle ère plus communément identifiée comme l'ère du Verseau, qui remplace l'ère du Poisson dans laquelle nous avons vécu depuis le Moyen Âge environ. À l'inverse de l'ère du Poisson qui représente dans les grandes lignes la pensée rationnelle, pragmatique, illustrée par notre part masculine ou la part Yang qui est en nous, l'ère du Verseau laisse en revanche la place à la révélation de notre intuition, aux notions et valeurs reliées au cœur, à l'entraide, au partage, à la créativité et à toute activité liée à notre part féminine, notre aspect Yin. Ces deux aspects doivent aujourd'hui pleinement s'équilibrer. Je vois Vera comme un emblème de l'ère de transition que nous vivons.

Au bout de plusieurs semaines, j'ai progressivement pu la sortir de sa couveuse et la prendre dans mes bras, trente minutes par jour pour commencer, puis de plus en plus longtemps. Elle grandissait et le personnel soignant estimait qu'elle se renforçait suffisamment pour pouvoir être extraite de son cube de verre. J'alternais le contact peau à peau avec ma simple main posée sur son ventre ou sur son dos pour seul et unique lien. Je regrettais de ne pas pouvoir l'allaiter. Même si elle était portée par une essence d'amour pur, les débuts de vie de Vera n'ont pas été physiquement doux et enveloppants.

À la place de mon rêve de maternité ordinaire, j'entrais dans un nouveau monde hyper médicalisé avec des machines pour faire vivre mon enfant dont la fine peau couverte d'électrodes nous informait de la moindre fluctuation du taux d'oxygène dans son sang et de sa fréquence cardiaque. Les signaux électroniques avaient pris la place du chant des oiseaux. Les machines avaient pris la place de la nature qui m'équilibrait, en lisière de forêt où nous vivions.

VIVRE OU NE PAS VIVRE ?

Vera, je passais des heures à tes côtés, à te regarder, à me poser des questions, à pleurer endeuillée devant un être vivant tout en ayant compris le message qui m'était destiné :

Je ne voulais pas être le sujet de ma souffrance. Je comprenais que la souffrance n'était que la résistance à ce que la vie avait à me proposer. Je comprenais que si j'avançais en suivant le flot de la rivière, je n'aurais pas besoin de lutter. J'ai choisi d'accepter, de face à la perte et d'avancer. De me rendre.

Le médecin-chef de la néonatologie me regardait étonné. Il voyait de temps à autre des parents dans la même situation que moi. Il me voyait venir et revenir, seule, tous les jours au chevet de Vera. Je l'aimais, cet enfant que j'avais mis au monde. Mon cœur l'a reconnu et aimé au premier instant. Mon mental a pris quelques jours de plus pour comprendre. Nous étions intimement liées, Vera et moi, bien avant que je ne le sache. Nous étions coordonnées. Nous étions des alliées et allions faire face à tout ce qui nous attendait, à la vie, à la mort. Ainsi va la vie. Va-t-elle survivre ? Je n'en sais rien. Quand mourra-t-elle ? Je ne sais pas, mais en attendant, elle est là. Veut-elle rester ou usons-nous du pouvoir de la médecine en lui imposant la vie contre sa volonté ?

Je fis part de mes réflexions au médecin qui nous suivait et qui me remercia d'aborder cette délicate question. Jusqu'où sommes-nous prêts à aller pour faire vivre si la démarche est contre-nature ? Allions-nous la faire vivre à tout prix ? Où commence et s'arrête l'euthanasie passive ? Je ne voulais rien imposer. Ensemble, nous avons intensément abordé cette discussion et soulevé toutes les questions qui se posaient à nous. Le médecin a organisé une ou plusieurs séances de concertation avec le comité d'éthique de l'hôpital universitaire. Avec eux, nous avons pu établir un protocole de soins et de suivi.

Ma gratitude envers ce néonatologue est inchangée à ce jour. Je nous considère comme très chanceuses dans notre malheur d'avoir pu bénéficier du soutien d'un individu aussi éveillé. Ces échanges ont *in fine* donné forme à une nouvelle convention de soins qui impliquait que nous ne réanimerions Vera que si son état général n'était pas détérioré suite à cette intervention. Ceci impliquait qu'une intubation, même si elle pouvait sauver une vie, ne serait pas appliquée si Vera avait déjà manqué d'une quantité d'oxygène pouvant provoquer une lésion au cerveau. Dans ce cas de figure, sa vie serait en effet rendue encore plus difficile qu'elle ne le serait probablement déjà. Nous ne chercherions pas à la faire subsister coûte que coûte.

Pour moi, cette prise de position était d'une importance capitale, car je crois que si une âme veut pouvoir s'en aller, elle doit pouvoir être libérée. Aussi difficile que ce soit pour ceux qui restent, il ne s'agit ici plus de nous, mais de l'individu concerné. Il n'y a pas lieu d'imposer son veto sur la vie d'un autre pour fuir notre propre peur, chagrin ou manque. Il ne s'agit pas de ne pas venir en soutien à personne en danger, mais de savoir nuancer les actes au cas par cas. Nous sommes au service de la personne qui part, pas au service de notre ego effrayé.

Nous avons donc signé une convention et Vera a été classée enfant « NTBR », Not To Be Reanimated (À Ne Pas Réanimer). Dans les détails, nous avions stipulé que si quelque chose devait arriver un jour, l'ambulancier qui la trouverait ne devrait pas suivre son réflexe de sauver la vie, mais la laisser aller si les conséquences de son intervention avaient pour résultat une péjoration significative de son état.

Par cette notice, nous avons dû établir quels soins appartiennent à une prise en charge de base respectant les besoins fondamentaux de l'individu, comme d'être nourri, et les actions qui prolongent la vie dans des conditions péjorées.

Il est ingérable pour un parent de vivre avec cette réalité et je précise qu'il n'est pas plus aisé de prendre cette décision pour un enfant handicapé que pour une enfant saine. L'amour est au-delà de ces catégories. L'amour est plus fort que tout ce qui n'aurait jamais pu exister. Ce thème était cependant inévitable et nous n'avions plus de place pour nous cacher. La réalité dévoile ses crocs féroces dans certaines situations. Je ne vois pas comment nous aurions pu faire autrement.

Le jour que nous redoutions est arrivé et nous avons dû mettre nos décisions à l'épreuve. Vera, qui ne s'alimentait pas correctement, avait un reflux gastrique qui l'empêchait de garder et digérer le lait qu'on lui administrait par sonde. Elle régurgitait abondamment. Des fontaines de lait à l'émanation âcre sortaient par sa bouche et par son nez tout au long du cycle jour/nuit. L'odeur de ma fille était celle de la bile. Les infirmiers continuaient à la nourrir par la sonde, parce qu'il n'était pas question de la priver d'aliments. La sonde acheminait, elle vomissait. Cette boucle était infernale et Vera en était traumatisée. Un jour, elle s'étouffa. Le lait est resté coincé dans l'arrière de sa gorge, lui obstruant les voies respiratoires. Elle ne parvenait plus à respirer. J'étais debout, au bord de son lit, tétanisée. Je lui tenais la main et son petit corps. Les infirmiers autour de nous étaient démunis, désorientés. Ils avaient pour instruction de ne pas agir. Vera devenait bleue, elle pleurait et convulsait. Tout est allé très vite.

Je me demandais si elle était sur le point de mourir au bout de quelques semaines sur Terre, et ne savais pas quoi faire. Était-ce le moment qu'elle avait choisi pour s'en aller ? Je lui parlais, je l'accompagnais dans mon esprit en lui réitérant que je l'aimais. Je l'accompagnais quoi qu'elle choisisse. J'étais pleine de doutes au sujet des choix que nous avions établis. Je n'avais pas du tout imaginé cette situation, un bête étouffement qui lui aurait coûté la vie. J'avais imaginé une situation plus dramatique où les choix auraient été tranchés.

Au bout de quelques minutes, quelques secondes, je ne sais plus, le temps était interminable, son corps, dans un élan incommensurable, a expulsé tout le liquide qui y était coincé. Elle était sauvée. Je la pris dans mes bras, je pleurais de soulagement. Je compris à cet instant que j'avais donné naissance à une guerrière. Un être de lumière puissant qui se battrait contre vents et marrées, qui avait choisi d'être là, de vivre. J'ai compris que nous avions un rôle important à jouer l'une pour l'autre et que je l'accompagnerais, quoi qu'il advienne.

Je dois vivre avec l'idée que mon enfant partira avant moi-même si aujourd'hui, elle n'a plus de notice NTBR. Je ne sais pas encore comment, mais je sais qu'elle ne restera pas. Un jour, elle aura accompli sa mission et elle s'en ira. Elle veillera sur nous depuis un autre plan et continuera à nous guider par son amour, avec une clarté et une compassion qui ne seront plus restreintes par le mutisme et le petit corps étriqué qui est maintenant le sien. Elle continuera à œuvrer pour l'humanité, tout comme elle le fait aujourd'hui en me demandant de raconter son histoire.

LA FOI

Le médecin venait me voir de temps à autre. Nous parlions autant de philosophie que de médecine. Il me disait qu'en un mois de maternité, j'en savais autant qu'un étudiant en fin de première année de médecine. Il lui semblait voir que je n'étais pas en lutte vis-à-vis de la maladie de Vera. Il ajoutait qu'il lui était rare de voir des parents réagir de cette façon. Je lui expliquais que je ne voulais pas être la victime de ma propre souffrance et que j'avais fait le choix d'accepter, d'abdiquer face à la vie dont les forces sont plus grandes que moi. Que même si cela comportait un deuil à multiples visages, c'était la voie que j'avais décidé d'emprunter.

Peut-être que si j'avais quelque chose que les autres parents n'avaient pas, c'était la foi. Je suis persuadée de ne pas être sur Terre pour rien et que nous faisons partie d'un Tout que certains nommeront Univers. Je mets ma confiance absolue en cette intelligence universelle et ai rapidement su très jeune qu'elle serait la seule et unique alliée de ma vie. Enfant, je me sentais souvent très seule, incomprise, triste et isolée. Ma grand-mère, une des seules personnes à avoir reconnu la lumière en moi, me disait que je ne devais jamais baisser les bras, car j'avais un soleil intérieur que personne ne pourrait jamais me retirer. Dans mon évolution majoritairement solitaire, je me tournais vers ce quelque chose que certains appellent Dieu dans le but de m'apaiser. Je cherchais autour de moi ce qui pouvait m'aider, me contenir, me soutenir, et c'est la foi dans ce monde subtil que j'ai trouvée. Cette foi qui me permettait finalement de calmer l'angoisse qui était en moi pour me détendre un peu, enfin. Je cherchais l'amour, je cherchais le réconfort, je cherchais la joie, mais ne la trouvais ni à la maison ni à l'école. J'y ai connu l'exclusion dès la maternelle, puis par intermittence jusqu'à mon diplôme d'études. La dyslexie, la dyscalculie et les troubles de la concentration me valaient un retour peu gratifiant de la part de mes professeurs qui, dans l'Éducation nationale française, ne reconnaissaient à l'époque pas ces troubles-là. Aux yeux de mes enseignants et de mes camarades, j'étais une élève peu disciplinée, dans la lune, manquant de motivation et, pire encore, dénuée d'intelligence. C'est en me rapprochant des étoiles que j'ai trouvé une forme de salut. Dans le monde terrestre, je ne trouvais pas l'amour, la bienveillance ni la compassion dont j'avais besoin. Je me suis ralliée à la force impalpable qui m'a fait tenir bon. Je la retrouve aujourd'hui dans toutes les situations de ma vie et dans chaque être humain que je croise. Je sais que je suis au service de ce principe aimant et qu'il est à son tour en service envers moi. Nous nous soutenons mutuellement. Je suis tel un Jedi qui œuvre pour la Force. Je pourrais dire en souriant que je sers la Force et la Force me soutient. Si je quitte cette ligne de conduite, je me fourvoie dans des dédales qui ne sont pas bons pour moi.

Le papa, m'a dit le médecin, aura peut-être un peu plus de mal que moi à avancer aussi rapidement sur la question. Il me prévenait que ce décalage pourrait à terme générer une scission entre nous. Une thérapie de couple nous a été suggérée avant même que je ne me rende compte qu'il avait raison.

L'APPARITION DE LA PSYCHOMOTRICIENNE

Puis, ça a été au tour de la psychomotricienne de faire son apparition. Nous nous sommes tout de suite reconnues dans qui nous étions et elle est devenue mon amie. C'était la sibylle des lieux. Dès qu'un médecin dans une des unités de pédiatrie manquait de ressource médicale, il faisait appel à elle. Dès que l'on ne trouvait pas de solution par déduction logique, on la sollicitait.

Elle était une travailleuse acharnée, souvent au bord de l'épuisement. Elle avait tant à donner et a tout de suite perçu en Vera la qualité de son être. Dans tous les milieux, il est possible de croiser l'un de ces travailleurs qui œuvrent pour plus grand qu'eux. Ils sont infiltrés dans toutes les couches de la société, dans tous les domaines professionnels. Ils sont souvent appréciés de leurs collègues qui ne s'expliquent pas dans les détails la teneur de leur travail, mais savent que ces personnes ont en elles quelque chose de spécial et qui les attire. Notre psychomotricienne était de ceux-là. Elle a vu la lumière de Vera, elle a vu son âme. Dès qu'elle avait un moment de libre entre ses nombreux patients, elle venait nous voir. Elle a eu une grande importance pour moi. Il était bon d'être entouré de personnes de sa famille, même si le lien n'est pas de sang.

D'UN HÔPITAL À L'AUTRE

Je passais le plus clair de mon temps à l'hôpital avec Vera. Les infirmiers étaient devenus mes amis. Nous échangions tout en nous occupant de Vera. Quand je me re-mémore notre petite unité se déployant autour de Vera, des souvenirs joyeux viennent à moi. Au bout de quelques mois, le médecin nous a proposé de nous diriger vers un autre hôpital plus petit, plus proche de chez nous. Il estimait que Vera était désormais suffisamment grande et solide pour pouvoir quitter cette unité intensive d'hôpital universitaire pour se contenter de soins plus sommaires. Nous avons pris congé les uns des autres avec émotion et Vera et moi sommes montées dans une ambulance en guise de taxi. Nous nous rapprochions de la maison. Vera avait une maison, elle avait une chambre et même un chien. Tout cela, elle n'en savait rien. Les mois étaient longs et mon congé maternité prenait des allures d'année sabbatique en milieu hospitalier.

Vera a finalement pu rentrer chez nous. Dans sa maison, dans son foyer, chez elle. Elle dormait à mes côtés, nous étions ensemble jour et nuit, je ne la lâchais pas, ma frêle et fragile petite enfant. Nous avons récupéré le temps perdu de la couveuse grâce à un porte-bébé que nous ne quittions pas. Elle humait la peau de sa mère en tout temps. J'étais heureuse, ce fut une période plus douce durant laquelle nous ne faisions qu'un, elle et moi. J'étais toujours soucieuse de ses reflux qui ne cessaient pas, mais au moins étions-nous ensemble à la maison. Avec Ether, toutes les trois, nous sillonnions les sentiers de notre forêt adorée pour de longues promenades quotidiennes au bord de la rivière.

CELUI QUI PARTAGE NOTRE VIE

Au bout de deux ans, les dysfonctionnements du couple que je formais avec le père de Vera devenaient de plus en plus apparents. L'arrivée de notre enfant les avait mis en exergue. Nous avons fait le choix de ne plus poursuivre notre relation. Un peu plus tard, je rencontrais Raphaël.

Les périodes de maladies de Vera étaient fréquentes. Un simple petit rhume virait en bronchiolite et nécessitait une hospitalisation. Une gastro-entérite menait à la mise sous perfusion. J'ai dû quitter mon travail d'enseignante en arts plastiques tant mes absences devenaient fréquentes. Je ne parvenais plus à être une enseignante présente pour les enfants et adolescents. De plus, il m'était difficile de me concentrer sur mon travail artistique personnel tant notre temps à domicile était entrecoupé de fréquentes hospitalisations.

L'été 2014, alors que je dormais depuis plus d'une semaine sur un lit de camp dans la chambre d'hôpital de Vera, celui qui deviendrait mon mari me contactait pour me proposer une rencontre entre nos enfants. Nous nous étions initialement connus quelques années plus tôt à la suite de l'un de ses concerts. Je venais l'écouter sous l'invitation d'un ami et nous avons sympathisé. Je répondis à sa demande que c'eût été avec plaisir, mais que la situation ne le permettait pas. Nous n'étions pas souvent en contact et il ne savait pas que Vera était malade, encore moins qu'elle était atteinte d'une maladie génétique rare. Nous avons opté pour une sortie juste entre nous deux, tandis que je laissais Vera aux bons soins infirmiers durant la soirée et la nuit.

Je croyais être aux anges, une sortie ! Je savais ma fille en sécurité, dormant sous l'œil bienveillant du personnel hospitalier. Je ne la retrouvais qu'au petit matin avec des étoiles plein les yeux d'avoir retrouvé celui que j'avais aimé au premier regard. Sans nous le dire, nous avions choisi de ne pas nous unir auparavant. Le hasard de la vie a voulu que nos relations respectives s'achèvent dans le même laps de temps. Depuis, nous ne nous sommes plus quittés. Il est arrivé dans la vie de Vera quand elle n'avait que deux ans et est devenu *Rafpapa*.

Lui et ses trois enfants sont devenus notre nouvelle famille avec tous les aléas qu'une vie de famille recomposée à six comporte. Les liens forts se sont tissés progressivement. Vera me dit les aimer tous de tout son cœur.

Si cette vie de famille a pu fonctionner, c'est grâce à l'amour sincère que nous avons l'un pour l'autre, Raphaël et moi. Malgré les oppositions et les difficultés, nous ne nous sommes pas privés l'un de l'autre.

J'ai appris beaucoup de choses grâce à tous les membres de ma famille proche et élargie. Je prends la mesure de la quantité d'amour qu'il nous a fallu pour surmonter certaines conditions. Nous avons fait de notre mieux et apprenons encore, chaque jour.

Le papa de Vera s'est remis en couple lui aussi et a désormais deux autres enfants. Deux adorables petites filles que Vera ne voit pas très souvent, mais qui sont quand même ses petites sœurs. J'espère qu'elles auront davantage d'échanges un jour, autant pour elles que pour Vera qui pourrait à terme bénéficier de la stimulation de ses sœurs. Si Vera a beaucoup de frères et sœurs, elle est pourtant fille unique.

J'ai des enfants à demi qui ne sont pas de mon sang, que je considère comme miens à certains égards, même si je ne prendrai jamais la place de leur mère. Je suis en revanche la mère de Vera et ce sera toujours avec elle en duo qu'il faudra me considérer. Je ne pourrai jamais faire l'impasse sur Vera, et Raphaël a accepté que la femme de sa vie avait déjà un enfant. Les enfants de mon compagnon sont eux aussi indissociables de lui.

Un jour, ils seront grands et partiront de la maison, alors que Vera restera plus longtemps. Nous trouverons un équilibre dans chaque situation. Lorsque nous ne serons plus que trois à la maison, Vera, son *Rafpapa* et moi, ce sera encore différent. Chaque étape, riche de sa particularité, nous permet d'expérimenter de nouveaux aspects. J'apprécie les moments qu'il nous arrive de passer ensemble tous les trois et d'avoir de temps à autre le soutien d'un homme dans ma vie de mère aussi.

L'ÉPOQUE DU SILENCE ET DES GROGNEMENTS

Nous avons tant à apprendre les uns des autres, même lorsque nous pensons que c'est nous qui sommes à la place de celui qui transmet. Il n'en est en réalité rien, nous nous influençons et nous enseignons tous mutuellement. Nous pouvons nous incliner devant l'enseignement que nous recevons de la part de chaque être humain qui croise notre route.

Vera a beau être plus jeune que moi, être polyhandicapée, ne pas savoir parler, être assistée à tous les niveaux, elle reste mon plus grand enseignant tant dans ce qu'elle nous amène à vivre que par le biais de ce qu'elle incarne.

En matière de communication, j'honore la résilience qu'elle a dû développer, ne sachant pas s'exprimer autrement que par des sons, des bruits, des grognements, alors qu'elle adore être dans l'échange avec les autres. Vera est naturellement bavarde. C'est lorsque nous avons commencé à communiquer télépathiquement que je l'ai compris. Je reviendrai plus tard sur la méthode qui nous a permis de nous comprendre.

L'acceptation de sa condition lui a valu une maturité bien plus grande que celle de beaucoup d'enfants de son âge.

À une certaine époque, avant que je n'apprenne à communiquer avec elle, la seule manière que Vera avait de se faire entendre était de faire la grève de la faim.

Déjà très frêle et fine dans sa constitution, avec des reflux gastro-œsophagiens, quelques jours d'une faible alimentation représentaient un risque certain. Il était essentiel de lui donner une nourriture la plus riche en calories et en nutriments possible, sans quoi elle se dévitalisait.

Puisqu'elle tombait malade très facilement, ses défenses immunitaires étant en dessous de la norme, elle perdait rapidement des points dans sa courbe de croissance, puisqu'elle jeûne spontanément lorsque son corps, en proie à la maladie, se répare. À chaque épisode infectieux, elle risquait l'hospitalisation, la perfusion, les câbles dans les narines, la couverture d'électrodes. Un cocktail traumatisant pour une petite fille hypersensible que je devais récupérer à la petite cuillère de retour à la maison. Je lui réapprenais à aimer les sensations que lui procure son corps. Tous les jours, à la sortie du bain, je la masse encore maintenant. Ce rituel a grandement contribué à ce que Vera apprécie de vivre dans son corps qu'elle a du mal à accepter.

TRAUMATISMES ACCUMULÉS

J'ai appris à être à l'écoute de Vera et à deviner ce qu'elle demande, à faire confiance à mes intuitions. Je ne parviens pas toujours à comprendre les besoins qui sont les siens lorsque je suis moi-même inquiète de la situation. Dans ces moments, il me faut apprendre à distinguer mes peurs de mes sensations justes afin de pouvoir l'accompagner au mieux. Je suis poussée par une quête méditative pour rester axée en mon centre, pour rester droite, pour ne pas perdre pied et rester calmc.

Il y a quelques années, j'ai suivi une série de séances en thérapie EMDR pour défaire les stress post-traumatiques. Cette méthode a notamment été utilisée à la suite du crash de 9/11 dans une salle où se retrouvaient plus de 3 000 individus.

À vrai dire, je ne saurais dire si cette méthode a été efficace dans mon cas parce que d'autres traumatismes se sont vite accumulés à la suite de ceux qui étaient déjà présents. Ils se sont tous confondus. Mon idée en tentant cette thérapie était d'être plus sereine en accompagnant Vera à l'hôpital, pour ne plus avoir le ventre noué lors de chaque hospitalisation. J'aurais aussi voulu que mes mécanismes d'inquiétude ne s'enclenchent plus au moindre signe de rhume, de peur qu'une hospitalisation en soit l'issue.

Vera m'enseigne sans retranchements à rester en mon centre, dans mon axe. Toutes les formes de yoga et de méditation que je pratique ne visent qu'à rester la plus calme possible quand tout se resserre. Ces outils spirituels ne servent à rien si nous ne pouvons pas les appliquer dans la réalité de nos vies. Lorsque pliée dans une posture de yoga inconfortable dans laquelle je peine à respirer, je vis une situation similaire à ce que je vis lorsque je suis à l'hôpital avec Vera, j'essaie de garder le calme jusqu'à ce que la situation se détende à nouveau. Il s'agit de tenir bon dans l'impermanence.

Je remercie Vera sans qui je n'aurais pas autant d'occasions de pratiquer. Je suis une apprentie humaine qui gravit les étapes les unes après les autres.

LES ASTUCES DE VERA POUR SE FAIRE COMPRENDRE

Je suis souvent époustouflée par l'efficacité de la communication de Vera. Elle a développé plein de trucs et astuces pour se faire comprendre. Elle entre en interaction avec nous. Plus elle grandit, plus elle plonge son regard dans mes yeux et y reste longtemps en souriant. Cela n'arrive que quelques fois par an et me fait pleurer d'émotion systématiquement.

C'est le plus beau cadeau qu'elle puisse faire à quelqu'un. On se sent être « l'élu ». Elle a la capacité d'induire ce sentiment, c'est un de ses dons. L'impact de Vera est certainement amplifié sur moi parce qu'elle est ma fille, mais je constate les mêmes effets chez d'autres personnes. La haute valeur de ces épisodes est amplifiée par leur rareté. J'imagine qu'il peut être difficile pour un parent ordinaire d'imaginer à quel point il est précieux d'avoir un échange de regards avec son enfant. Ce sont des choses courantes sur lesquelles on ne s'attarde pas. Au travers du regard, nous pouvons faire passer les émotions que nous éprouvons les uns pour les autres. De son regard, notre enfant peut nous dire qu'il nous aime. Alors qu'un parent donne par essence beaucoup à ses enfants, ces échanges sont d'une importance capitale pour continuer à alimenter le flux du don.

Je n'ai pas eu ce genre de contact avec Vera jusque très tard. À partir de ses sept ans environ, j'ai pu comprendre la teneur de ses sentiments pour moi. Auparavant, je ne pouvais que les deviner, les espérer. Vera ne vous souriait pas en vous regardant dans les yeux. Aujourd'hui, elle le fait.

Ces cadeaux me comblent au plus haut point. Je l'entends télépathiquement me dire : « Maman, je t'aime, tu es si précieuse pour moi, je vois tout ce que tu fais pour moi et je te suis si reconnaissante. S'il te plaît maman, va prendre un peu de temps pour toi maintenant, tu m'as mise sur les rails et je vais bien maintenant. Tu as fourni un travail colossal pour m'aider à devenir tout ce que je suis et il est temps que tu t'occupes désormais aussi de toi. Je t'aime tant, tu es la plus belle pour moi et je ne pourrai jamais me passer de toi dans cette vie. Moi aussi, je suis ici pour toi, pour t'aider à voir qui tu es, la belle et grande lumière qui est en toi. Moi aussi, j'ai des choses à te transmettre pour que tu puisses à ton tour évoluer. Je t'accompagne moi aussi de tout mon amour, même lorsque tu ne le vois pas. Je suis toujours là pour toi, pour t'aider, pour te soutenir et t'assister depuis ma place de petite personne handicapée. Je fais tout ce que je peux à mon tour pour servir et être une contribution pour toi. Tu es la plus belle de toutes les mamans et je t'aime tant. Va-t'en maintenant pour prendre un peu de temps pour toi. Va nourrir la personne que tu es pendant que d'autres personnes s'occupent de moi. Va soigner ton esprit fatigué tout en sachant que je vais bien. »

À présent, ses yeux me fixent, sa bouche me sourit et je pleure des larmes de joie de percevoir dans l'intimité de son regard que ma fille va bien, elle qui vient de si loin. Je lui souris à mon tour et chéris toute la bienveillance qu'elle me témoigne sensiblement et profondément.

Je suis émue aux larmes tant la substance de son regard est bouleversante. Elle est, dans ces moments-là, la plus douce, la plus généreuse et la plus attachante des personnes qu'il m'ait jamais été donné de rencontrer. Personne ne saura jamais m'enseigner la richesse du cœur comme me l'enseigne Vera. Elle a transpercé le mien, a fait décoller toutes les couches de protection, tous les freins qui lui étaient accolés. Elle a fait craquer toute mon armure qui ne voulait pas se confondre dans les méandres de la vie. Elle m'y a fait plonger droit dedans, la tête en avant. Elle a infiltré dans mes failles et dans ma vulnérabilité la compréhension de ce qu'est la qualité de l'amour véritable, un amour sans attente et sans jugement, un sentiment d'acceptation de tout ce qui est. Elle m'a appris à m'abstenir de vouloir apporter un quelconque changement.

Elle me communique aussi sa profonde appréciation pour les autres et son désir d'interaction, même si elle le notifie à sa manière.

Elle a réparé dans ma famille d'origine tous les liens brisés en nous réunissant autour d'elle. Elle nous a montré comment communier et a fait germer le sentiment d'amour autour d'elle.

Ma mère dit que l'on n'aime pas moins un enfant différent, bien au contraire. Il éveille en nous une capacité insoupçonnée d'élargir l'ouverture de notre cœur d'une envergure dont on n'imaginait même pas l'étendue.

L'enfant le fait depuis le silence de sa différence. En ceci, Vera est un maître de sagesse pour moi et pour toutes les personnes sur lesquelles elle dépose son regard aimant.

Dans son école, dans son institution, elle est connue comme le loup blanc. La plupart des personnes qui la rencontrent sentent bien l'effet qu'elle a sur elles, même si elles ne mettent pas de mots dessus.

QUAND VERA ME DEMANDE DE RACONTER NOTRE RÉCIT

Je prends conseil auprès de Vera au sujet des actions que je devrai entreprendre dans l'immédiat. Je me laisse inspirer par la réponse que ses yeux m'insufflent. Je lui communique mes questions mentalement et elle les entend. Elle dit pouvoir entendre les personnes dont les pensées sont assez claires et dégagées de brouhaha. J'entends sa réponse en retour dans la clarté de mon esprit, débarrassé de bruits ambiants.

Ainsi, elle m'indique de prendre le temps d'écrire ce livre, de partager tout ce que j'ai reçu au travers de son enseignement. Je dois donc y consacrer du temps.

LE TEMPS DU SOUFFLE DES VACANCES

Je suis soulagée de savoir Vera entre de bonnes mains chez ses grands-parents le temps de ses vacances. Je peux alors m'autoriser à me détendre, à prendre du temps pour moi, à écrire ce livre qui est cher à mes yeux.

Je pense aussi au temps que j'ai envie de mettre au bénéfice de mes beaux-enfants, des repas que j'aimerais leur cuisiner pour renouer contact. J'ai envie, lorsque je ne m'occupe pas de Vera, de renforcer les liens de cœur avec les personnes autour de moi.

Je pense aux enfants de mon conjoint dont je verrai naître les enfants un jour. Je pense à ma relation à l'homme avec lequel je partage ma vie, qui me partage avec ma fille handicapée. J'ai envie de passer du temps avec lui et me ressentir femme à ses côtés.

Je pense à ce que j'ai à mettre en œuvre sur cette Terre, en plus de mon rôle de mère proche-aidante. J'accompagne des personnes en tant que thérapeute et praticienne énergétique pour les accompagner dans leur processus de guérison. Je travaille dans le milieu de l'art et de la culture. J'écris ce livre pour éclairer ce qui se passe dans les coulisses du handicap. Je tente d'agir pour toutes les personnes qui, tout comme moi, traversent une vie imprégnée de handicap.

J'apprends à me contenter de traverser ma vie avec sobriété et humilité, à chercher à faire de mon mieux et à ne pas nuire. Aussi simple que cela puisse paraître, si l'on veut bien s'adonner à cette introspection, on peut se rendre compte que de franchir toutes les étapes de la vie sans nuire et avec humilité n'est pas toujours évident.

En restant humble, faire de mon mieux dans mon rôle de mère, de fille, d'amante, de belle-mère, dans les échanges professionnels et amicaux. Je ne suis peut-être pas parfaite, mais je tente en chaque instant de faire de mon mieux.

Je suis régulièrement appelée à *être* avant de faire, à me contenter de vivre ma vie sans avoir d'attentes à son sujet. Il est aussi possible d'être et d'avancer jour après jour.

Être inoffensif. Ne pas dire de mal. Surveiller mes pensées. Pour cela, je prends exemple sur Vera. Elle ne connaît pas de distance entre les êtres. Pour elle, nous ne sommes tous qu'un.

COMMENT VERA ET MOI COMMUNIQUONS

Lorsque Vera ne voulait plus manger pour me communiquer que quelque chose n'allait pas, je ressentais une détresse certaine de ne pas subvenir à ses appels. Je réponds à ses besoins fondamentaux d'hygiène, de stimulation cérébrale, d'amour et d'alimentation. Un parent (selon l'archétype) a toujours envie de savoir que son enfant va bien et est épanoui. Il va chercher des solutions pour l'aider à arranger la situation qui lui cause son mal-être si quelque chose ne va pas.

Avec Vera, je n'ai pas trouvé d'autres solutions que d'aller voir du côté des thérapies alternatives dont j'étais adepte depuis longtemps. Il me fallait comprendre ses messages et ses signaux. Sous les conseils de mon amie thérapeute, nous nous sommes tournées vers une méthode qui s'appelle la Communication Profonde Accompagnée.

Vera était alors petite, âgée de quatre ans, et je ne savais toujours rien des émotions qui la traversaient. En comparaison, lorsqu'un nourrisson pleure ou ne va pas bien, on exclut assez rapidement si les causes en sont la faim, la fatigue, une colique, etc. Lorsque l'on ne parvient pas à élucider la cause de ces pleurs, au bout d'un certain temps, l'inquiétude du parent qui serait prêt à tout pour aider son enfant grandit.

Nous sommes arrivées chez la praticienne de ladite méthode qui m'a rapidement aidée à y voir plus clair. La première chose que Vera m'a fait savoir était qu'elle m'aimait et qu'elle allait bien. J'en étais extrêmement soulagée. Elle m'a confié les causes de son désagrément qui, à ma grande surprise, s'est automatiquement réparé dès le moment où elle a été entendue.

Je le sais maintenant, suite à mes expériences avec Vera, que ce qui n'est pas exprimé forme une boule de nœud à l'intérieur de nous qui nous empêche de nous libérer. Souvent, il suffit que le mal soit dit pour se résoudre. À d'autres endroits, il faudra aussi enclencher une action qui pourra réparer le mal et donner un nouveau cours aux événements.

Nous avons poursuivi les consultations en CPA, et c'est lors d'une de ces séances que Vera me dit : « Mais qu'est-ce que tu attends, maman ? Va te former. Prends ton crayon et écris. »

Cette requête a été entendue. Peu de temps après, je me suis formée à cette méthode. Je suis partie à Lyon où une formation continue d'un an a abouti à un diplôme de thérapeute en Communication Profonde Accompagnée. C'est une technique qui, bien que démontrée efficace auprès de personnes qui n'ont pas la parole pour s'exprimer, a malheureusement de la peine à s'implanter dans les milieux institutionnalisés faute de compréhension de son fonctionnement et d'études scientifiques sur le sujet. Certains défendent même qu'il pourrait être dérangeant pour une institution qui a ses propres outils de travail d'entendre de la part d'une personne en situation de handicap que les services ne correspondent pas à ses besoins.

De la même sorte, il est utile de faire preuve de délicatesse avec les parents qui font recours à la CPA auprès d'un praticien, s'ils reçoivent le message par leur enfant adulte que tous les soins et actions établis jusque-là ne lui ont pas convenu. C'est une lourde remise en question pour un parent proche-aidant qui a toujours voulu bien faire.

La libération que certains expérimentent en pouvant s'exprimer sur les domaines factuels de la vie s'oppose parfois au raz-de-marée qu'il est pour les autres. Mais la CPA propose toujours une manière d'aller plus en profondeur à la recherche de la vérité, même celle qui blesse et qui peut être difficile à regarder, et je crois que c'est cela qui en fait une ressource précieuse.

L'essentiel est que toutes les personnes soient entendues au niveau de leurs besoins, y compris les personnes handicapées. Je suis intensément convaincue de cela. Force est de constater que notre société, à certains égards, n'y est pas encore bien préparée. Il faudrait pour cela qu'elle fasse un travail sur elle, tout comme devraient le faire tous les êtres humains qui la composent pour que nous puissions vivre dans le respect les uns des autres.

Certains rechignent encore à porter le regard vers l'intérieur, peut-être de peur de se confronter aux histoires qu'ils se sont eux-mêmes racontées ou parce que sortir des limites du cadre qu'ils connaissent procure de l'inconfort. Tout travail sur soi peut sembler vertigineux. Nous préférons parfois rester dans des situations qui dysfonctionnent pour éviter d'aller à la rencontre de l'inconnu, même vers une nouvelle vie qui pourrait nous apporter beaucoup de bonheur. Dans le doute, notre cerveau reptilien nous dit de ne surtout pas bouger et continuer à faire semblant, comme si tout allait bien. Bien sûr, il est probable que la coquille craque un jour et ne laisse plus le choix.

Vivre dans la transparence permet d'être dans la vérité vis-à-vis de soi-même. Que chaque miroir reflète notre vérité. Pour certains d'entre nous, il ne nous est pas possible de faire face au miroir sans détourner le regard. J'enjoins pourtant tous les êtres humains à être en acceptation de tout ce qu'ils sont, dans tout ce qu'ils ont estimé bon d'eux-mêmes et dans ce qu'ils ont trouvé de mauvais. Si nous sommes en mesure d'être en contact et en relation intime avec toutes les parties de nous, même celles dont nous ne sommes pas fiers, nous pouvons enfin nous accepter tels que nous sommes. Nous pouvons alors enfin nous aimer, alors que nous sommes conscients que nous sommes imparfaits. Avons-nous véritablement besoin d'être parfaits avec un parcours sans faute pour avoir de la valeur ? Pouvez-vous en aimer un autre, même s'il ne correspond pas à l'image inatteignable de la perfection ? Pouvez-vous vous aimer vous-même, même avec vos égratignures et vos abattements ? Si je mentionne ici l'amour de soi, c'est parce que nous ne pouvons pas nous aimer intégralement si nous sommes constamment en train de nous juger. Nous ne pouvons alors pas non plus aimer les autres si nous les jugeons avec sévérité. Personne ne nous oblige à autant d'exigence envers qui que ce soit. Si nous ne sommes pas capables d'accepter cet état de fait, comment pourrions-nous alors construire un monde dans lequel les individus se soutiennent et partagent leurs vertus ? S'ils ne s'aiment pas, les individus qui composent l'Humanité ne la feront pas évoluer comme elle le pourrait. À la condition de nous aimer, nous pouvons partager par plaisir d'offrir et non par culpabilité, parce que nous nous sentons redevables ou pour toute autre mauvaise raison. Lorsque nous nous aimons, que nous avons le cœur ouvert, nous avons envie d'offrir ce bien-être autour de nous. Nous rayonnons. Je suis persuadée que tous, nous avons envie d'aller bien, de briller intérieurement et autour de nous, pour nous-mêmes et en contribution pour les autres.

Nous sommes nos propres guides, nos propres juges, nos propres bourreaux et nos propres sauveurs. Personne d'autre ne pourra faire le travail à notre place et pour nous. La beauté de tout ceci est qu'il est tout à fait possible, au bout du compte, de baigner dans notre propre eau limpide et cristalline.

Nous n'y arrivons pas tout le temps. De temps à autre, notre eau est à nouveau souillée de nos émotions ou croyances qui nous limitent. Il n'en demeure pas moins que nous avons tous entre nos mains l'aptitude de réaliser cette exploration de nous. Nous avons tous la possibilité de nous regarder dans les yeux pour réparer le terrain affecté et revenir à notre transparence.

Je ne suis pas devenue thérapeute officielle de CPA pour en faire ma pratique professionnelle, mais c'est grâce à elle que Vera et moi avons commencé à beaucoup « parler ». Nous en avons largement bénéficié. À la suite de cette bascule dans notre mode de communication, tous ses accompagnants se sont étonnés de la voir évoluer d'un bond si favorablement.

COMMENT FONCTIONNE LA CPA ?

La technique est simple. Le partenaire appelé « facilitant » soutient la main de la personne (le facilité) et accompagne ses impulsions sur un clavier, pour qu'elle laisse s'exprimer les profondeurs de son être, indicibles par la parole consciente.

La communication profonde repose sur des processus psychiques semblables à ceux de la télépathie, de l'empathie ou de l'hypnose. L'accompagnant est un médiateur moteur, sensoriel et cognitif qui « prête » au facilité ses outils d'expression.

La CPA est un moyen de communication avec les personnes privées de l'usage de la parole (autisme, Alzheimer, comas, etc.). Elle s'adresse aussi à toute personne souhaitant explorer et détisser ses difficultés pour en faire des ressources nouvelles. Grâce à cette forme particulière de communication, la main devient messagère du cœur. Les mots déposés à l'aide d'un clavier libèrent des blessures du passé et des empreintes émotionnelles enfouies. La CPA ouvre l'accès aux mémoires de l'inconscient personnel (dont fœtales), transgénérationnel et collectif. Elle favorise ainsi une expansion de conscience dont l'action permet de se délivrer des dépendances, des répétitions, des fidélités inconscientes et des croyances qui nous empêchent d'avancer.

Le renouveau devient alors possible, grâce à l'émergence de la sensibilité profonde de l'être. Elle œuvre à l'ouverture du cœur et à la réunification. La CPA s'adresse à tous, enfants comme adultes, ainsi qu'aux personnes privées de l'usage de la parole.

Puisque je ne peux pas tenir la main de Vera, je dois me mettre en relation avec elle directement au niveau du cœur pour entendre ses mots. Au début, la communication était moins fluide qu'aujourd'hui et j'avais encore besoin de l'ordinateur comme support. Ce n'est plus nécessaire aujourd'hui, tant j'ai développé ce canal de pensée supraconscient et qu'elle me parle directement sans voix. Alternativement, elle me transmet des images pour me signifier sa pensée et pour l'expliciter.

Notre mental est ainsi composé en trois parties : le mental dit supérieur ou supraconscient, le mental inférieur et le mental subconscient. Pour la plupart des individus, ce sont les idées du mental inférieur qui guident leur vie, la voix de la raison, ce à quoi nous avons réfléchi et imaginé ce qui serait bon pour nous. Cet aspect du mental, bien que très important, ne devrait pas avoir ce rôle de chef, mais devrait servir d'outil au mental supérieur pour agir selon le potentiel le plus élevé dans nos vies. Le mental inférieur, ou mental de l'ego, peut être vu comme un ordinateur qui sert de zone de téléchargement des informations que nous soumet notre âme ou supraconscient. Il devrait être un outil et non un guide, alors que nous lui laissons bien trop souvent la place de meneur de jeu.

Il peut alors causer beaucoup de dégâts s'il maintient cette place et si nous ne prenons pas en main l'éducation de notre corps mental vers un niveau plus élevé. Notre mental inférieur, ou mental de l'ego, a besoin d'être dompté par des méthodes comme la méditation, la visualisation, la pleine conscience, tout en gardant une certaine forme de vigilance à son égard. Comme tout enfant gâté, il tient à rester roi et est prêt à tout pour ne pas se faire extraire de sa place de maître qui nous assujettit à ses lois. Ces ordres sont ceux de l'enfant blessé à l'intérieur de nous, de nos blessures et de nos croyances qui limitent la propagation de la partie sage en nous, qui sait ce qui est bon, qui nous ouvre la voie et nous aide à voir la vie selon une perspective plus large.

Notre mental subconscient détient quant à lui les informations dont nous ignorons bien souvent l'existence, issues de l'inconscient collectif, de ce qu'a traversé notre famille ou de croyances qu'une lignée transmet sans même s'en rendre compte. Ces idées peuvent être de l'ordre de l'insuffisance, de la perte, du manque de toute sorte, d'injustice, de blessures d'amour, de secrets de famille, etc. Il nous est à tous utile de voir ce qui est contenu dans notre subconscient pour pouvoir le libérer et évoluer selon nos propres valeurs.

Lorsque je perçois ce que transmet Vera, l'information est ainsi captée par mon mental supérieur puis téléchargée dans mon mental inférieur pour que je puisse trouver les mots pour exprimer ce qu'elle me dit. Il en va de même lorsque j'écris ces lignes, je me mets au service de mon mental supérieur qui me dicte ce que je devrais écrire et c'est mon mental inférieur, formé aux applications de ce monde, qui les met en mots. Mon mental supérieur ne sait pas comment utiliser un clavier d'ordinateur, il est relié à un champ de conscience plus vaste et infini. Voilà pourquoi il est très utile de les faire se rencontrer et collaborer.

CE QUE L'ON NE SAIT PAS AU SUJET DES PERSONNES SANS VOIX

Une des choses que l'on ignore le plus au sujet des personnes en situation de handicap et que j'ignorais moi aussi avant d'avoir Vera est qu'ils ont la capacité de comprendre tout ce qui se passe autour d'elles et dans leur environnement. Je ne sais toujours pas si elles comprennent et entendent tout au travers d'un sixième sens ou si c'est par l'apprentissage ordinaire de la parole.

Je m'explique : Vera étant exempte de parole et n'exprimant rien au travers des mots, on ne peut pas savoir ce qu'elle comprend de ce qu'on lui dit.

Pourtant, depuis qu'elle est toute petite, nous lui parlons, ces infirmières lui parlent, les enseignants spécialisés aussi. Non seulement elle est coutumière du flux de parole en langue française qu'elle comprend puisque nous vivons dans un pays francophone, mais elle comprend aussi parfaitement bien le suédois qui est ma langue maternelle. Elle vocalise tantôt avec des intonations françaises, tantôt avec un accent suédois, selon l'environnement dans lequel elle est.

Lorsqu'elle était plus petite, je n'étais pas sûre que Vera comprenait ce que je lui disais, puisqu'elle n'interagissait pas. Si je lui disais de ne pas jeter les choses à terre, mon impression est qu'elle ne comprenait pas. Je sais maintenant qu'elle n'en faisait qu'à sa tête et feignait de ne pas saisir le message.

Tout a progressivement commencé à changer quand elle a grandi. Par exemple, Vera, qui adore prendre des bains, a un jour suivi l'instruction que je lui donnais en lui indiquant que nous allions à la salle de bains.

Une autre fois à table, son demi-frère a demandé qu'on lui donne le beurre, et c'est Vera qui, d'un geste maladroit, a dirigé la barquette vers lui. Il en a été tellement étonné qu'il a dit en avoir eu peur ! C'est vrai, personne ne s'attendait à ce que Vera soit attentive, comprenne et entende tout. Tous ont pensé, moi y compris, que « retard de croissance et de développement » signifiait que Vera ne discernait pas de la même manière que les autres.

Pourtant, je suis maintenant absolument convaincue du contraire. Vera saisit tout, absolument tout, peut-être même au-delà des mots. Elle est au courant de tout ce qui se passe autour d'elle. Elle intègre les informations présentes dans une pièce avec une rapidité extrême et sait immédiatement où sont placés toutes les personnes et les objets qui l'intéressent. Elle semble même avoir des yeux radars qui lui permettent de voir même à l'arrière de la tête.

Non seulement elle comprend tout ce qu'on lui dit en français et en suédois, mais elle capte aussi très bien ce qu'une personne lui dit en n'importe quelle langue, même si elle l'entend pour la première fois. Elle sait d'instinct quel est le sens d'un mot ou ce que signifie une phrase.

Elle scanne l'espace avec un regard d'aigle. Parfois, lorsqu'un jouet est hors champ de vue, elle me fait signe que je dois le lui donner alors que je l'ai mis en hauteur à un moment où elle ne me voyait pas. Pourtant, elle sait pertinemment qu'il est là.

Je ne m'explique pas ce phénomène scientifiquement, mais je sais qu'il est bel et bien réel, et Vera me le prouve tous les jours. Elle m'étonne et m'épate à chaque fois. Ne dit-on pas d'ailleurs qu'un bébé français et un bébé chinois savent très bien communiquer entre eux ?

Vera m'a déjà fait savoir qu'elle et ses camarades de classe s'entendent très bien et s'amusent beaucoup. Cette information est parfaitement étonnante, puisque lorsqu'on les voit ensemble, l'ambiance est plutôt statique. Les uns et les autres sont dans leurs bulles, certains en chaise roulante, quand d'autres réitèrent des mouvements répétitifs. Même si ce que me dit Vera au sujet de leurs interactions est difficile à imaginer pour mon mental, c'est une information qui me plaît.

Parmi les études farfelues qui ont été faites, j'ai entendu parler d'une mise en situation dans laquelle un jeune homme *a priori* charmant était installé dans une salle de cinéma. Il avait pour mission de penser des choses affreuses au sujet des personnes qui venaient à s'approcher de lui. Les autres visiteurs venaient à tour de rôle s'installer à ses côtés, mais ne restaient pas à cette place plus de quelques secondes pour ensuite aller s'asseoir ailleurs. Pour finir, le jeune homme se trouvait tout seul au milieu de la salle, à une des meilleures places, au centre d'un cercle vide qui s'était formé autour de lui. Personne ne voulait instinctivement être dans le champ de ses pensées négatives.

J'en déduis que toute personne a la capacité de comprendre avec un sixième sens et que ce sens peut être exacerbé chez les individus en situation de handicap. On entend souvent dire que les personnes malvoyantes développent leurs autres sens pour mieux pouvoir se repérer sur le terrain, alors pourquoi est-ce que les personnes dites « à retard de développement » ne pourraient-elles pas avoir développé des facultés extra-sensorielles ?

Ce que je sais est que Vera, qui sait tout et qui voit tout, n'est dupe de rien et surtout pas des personnes qu'elle croise. Elle est un fin indicateur des personnes dignes de confiance et de celles dont il serait bon de se méfier. Elle a un cœur grand ouvert et accueille les gens tels qu'ils sont. En revanche, elle sent tout de suite si quelqu'un n'est pas en alignement dans ses pensées et dans ses intentions. Vera sait très bien éveiller ce qu'il y a de meilleur en une personne, mais aussi quand il vaut mieux ne pas trop s'attarder.

Elle est un excellent baromètre.

LA CULPABILITÉ

De mon côté, j'ai l'impression de ne jamais en faire assez. Il suffit que je laisse Vera une semaine en vacances chez ses grands-parents pour que la culpabilité m'envahisse. C'est assez éprouvant. Les deux/trois premiers jours se passent bien et je me sens légitime d'un peu de repos. Progressivement, au bout de cinq ou six jours, la sensation de l'abandonner ou de la trahir me gagne. Je sais que j'ai un travail conséquent à faire à ce sujet, même si je m'y suis déjà attelée.

Je me demande souvent si cette culpabilité n'est au fond pas justifiée et qu'elle est l'indicateur que Vera a besoin de ma présence. Ce mécanisme émotionnel n'est pas forcément lié au handicap, même probablement pas, mais dans mon cas, c'est l'état de ma fille et sa fragilité qui l'exacerbent.

J'ai peur qu'elle manque de quoi que ce soit, j'ai peur qu'elle soit triste que nous ne soyons pas ensemble. En toute sincérité, une part irrationnelle de moi pense qu'elle va mourir si je ne suis pas là pour surveiller que tout se passe bien.

J'ai possiblement approché sa mort trop de fois pour être sereine sur ce thème-là. Pourtant, lorsqu'elle est chez mes parents à la montagne ou en Suède, nourrie, choyée, dorlotée, elle ne semble pas être à l'article de la mort. Je sais qu'il s'agit ici pour moi de guérir de mes traumatismes liés à son départ dans l'au-delà, qui m'ont semblé si proches tant de fois.

LA LIBÉRATION, UN PAS APRÈS L'AUTRE

SE METTRE AU SERVICE DE L'AUTRE

J'ai souvent entendu que c'est un trait de caractère d'aspect féminin que d'avoir un penchant à s'oublier pour servir les autres. Si c'est le cas, il n'est certainement pas inné mais inculqué. Dans ma situation, je me suis souvent entendue utiliser le terme « abnégation » pour décrire ce que je vis lorsque je m'occupe de Vera.

Quand elle est à la maison et que je n'ai pas de nounou pour m'aider à m'occuper d'elle, je ne peux plus prendre le moindre temps pour faire quoi que ce soit d'autre que de m'occuper d'elle. J'ai tout de même trouvé des stratagèmes pour avoir des activités plaisantes en même temps que je suis en service sur le long terme. J'écoute notamment des podcasts sur des sujets qui me passionnent durant les longs bains de Vera.

Auparavant, je ne le faisais pas, mais puisque ce rituel dure depuis dix ans, je me suis récemment permis de briser la routine.

Ou alors, certains dimanches matin, alors que tout le reste de la famille dort encore, je mets mon émission radio de jardinage qui me plonge dans un monde de verdure et d'activités plein air auxquelles je ne peux prétendre seule avec Vera. Nous sommes limitées dans nos actions. Alors que nous adorons être dans la nature toutes les deux, nous n'y sommes pas souvent pour diverses raisons. D'une part, nous vivons dans un appartement en plein centre-ville pour des questions d'organisation familiale.

D'autre part, Vera peut être craintive dans les nouveaux espaces à ciel ouvert qu'elle ne connaît pas. Être craintif n'est pas un mal en soi, mais gérer toute seule est au-delà de mes moyens physiques, car Vera demande dans ces moments à être portée parce qu'elle a peur et ne veut pas marcher. En pleine nature, l'accès en poussette n'est pas commode et la porter me demande une force que je n'ai pas.

Toute l'organisation autour des trajets pour se rendre sur place, les préparatifs des sacs de nourriture mixée et des couches-culottes sont à inclure. Je crains que la sortie se passe mal et qu'elle fasse une crise. Je ne suis jamais sereine, à la suite de mauvaises expériences à répétition, lorsque je dois me déplacer seule avec Vera.

Nous avons trouvé d'autres activités qui nous plaisent et allons au parc à vingt minutes de chez nous ou faire un petit tour à vélo. Il faut dire que nous aimons beaucoup faire du vélo ensemble et nous nous sommes offert, Vera et moi, un très beau vélo électrique bleu sur lequel nous arpentons les parcs et les rues de Genève. Nous chantons des chansons, nous regardons les gens sur les terrasses que nous croisons, nous sortons de la maison.

En hiver, Vera préfère ne rien faire et rester casanière, elle n'aime pas le froid. Elle refuse de mettre ses chaussures, sa veste, ne veut pas monter dans sa poussette parce qu'elle a froid et veut rentrer à la maison.

Dans ce contexte, alors que j'adore prendre l'air, je préfère attendre qu'une nounou vienne me relayer quelques heures pour que je puisse seule aller faire un tour dans la forêt au bord de la rivière. Ma rivière que j'aime tant est ma plus grande source de guérison. Elle me donne tout ce dont j'ai besoin. La reconnexion à moi-même, à la nature, au calme, à ce qui est paisible. Lorsque je reviens, je suis à nouveau d'attaque.

Mon but le plus ultime est de pouvoir ressentir cette même paix, cette même tranquillité que je retrouve à la rivière lorsque je suis avec Vera. J'aimerais ne plus avoir besoin de fuir pour me revigorer. J'aurais aimé être de ces mères qui se ressourcent en la compagnie de leurs enfants, même si c'est exigeant.

Ce serait mentir que de dire de Vera qu'elle ne me ressource pas à certains endroits. J'aime aussi le calme et l'immobilité forcée auxquels elle me pousse à certains moments, moi qui suis de nature très active. En sa présence, je n'ai finalement pas d'autre choix que de me mettre au diapason de ses besoins. Nous passons des heures et des heures à la maison, à faire la cuisine, à la nourrir, à nettoyer, à tenter de l'occuper pour qu'elle ne jette pas tout par terre en signe de mécontentement que l'on ne s'occupe pas d'elle comme elle le voudrait. Puis elle arrive chez mes parents et tout se calme. Elle n'est plus aussi exigeante, demande beaucoup moins d'attention et montre qu'elle sait très bien s'amuser, s'occuper et jouer toute seule. Les parents et les grands-parents n'ont pas tous droit aux mêmes faveurs de la part des enfants. En cela, Vera est comme tous les autres enfants.

CHANGEMENT D'INSTITUTION

Lorsque l'école reprend après les vacances chez ses grands-parents, Vera retrouve un rythme qui est exigeant pour elle. Elle a changé d'école ou d'institution depuis peu. Alors qu'elle était scolarisée chez les « petits » de deux à dix ans, elle est maintenant passée chez les « grands » de dix à dix-huit ans. Le bâtiment scolaire est devenu grand, un immeuble tout entier dédié à l'accueil d'enfants/adolescents en situation de handicap. L'ancienne petite école que Vera regrette était dans un quartier résidentiel, une maison d'habitation transformée en lieu d'accueil de jour pour les enfants un peu comme elle. L'ancienne institution, tout comme la nouvelle, est le lieu de domicile de certains enfants dont les parents ne peuvent les garder à la maison. Pour les uns, le handicap de leur enfant est trop lourd et nécessite une infrastructure adaptée, pour d'autres, c'est l'annonce du handicap qui fut trop compliquée à gérer.

Les deux institutions qu'a fréquentées et fréquente Vera font partie du même groupe. La transition d'un établissement à l'autre s'est faite durant une année de Covid où tous les intervenants étaient masqués, ce qui a beaucoup perturbé Vera. Je n'ai pas non plus eu l'autorisation de lui rendre visite pour faciliter l'intégration, puisque les clauses sanitaires ne le permettaient pas. En outre, la rentrée scolaire et une bonne partie de cette première année dans la nouvelle école ont été très compliquées pour Vera, et nous avons toutes deux beaucoup regretté cette transition prématurée, faute de place dans les institutions pour les tout-petits. La demande croissante auprès des établissements spécialisés dans le handicap ne laisse pas le choix à la direction qui doit trouver des solutions pour les enfants qui naissent ou qui arrivent en Suisse et ont eux aussi besoin d'une prise en charge.

Vera se sentait très bien dans son ancienne école. Elle avait sa chambre, son lit, ses affaires, ses jouets, ses habitudes. Elle était heureuse en y allant. Elle connaissait la maison comme sa poche et courait jusqu'à la salle de jeux en riant lorsqu'elle arrivait. Sa classe s'appelait « les kangourous » et celle d'avant « œil du tigre ».

Depuis qu'elle a changé d'établissement et qu'elle est passée chez les grands, elle est dans le « groupe C ».

Avant de changer d'école, Vera était heureuse et collaborait au moment de s'habiller et de se préparer. Elle aimait que je la rende coquette en lui mettant de jolis habits. Désormais, les préparatifs du matin ressemblent à une lutte, Vera ne veut plus y aller. Quand arrive le moment de mettre la veste, elle part maladroitement se cacher quelque part dans l'appartement et je dois la rattraper pour l'emmener à la voiture qui l'attend en bas pour l'amener à l'école. Elle pleure. Ses yeux coulent. Cela n'arrive presque jamais autrement. Ma Vera sait râler, montrer son désaccord. Pourtant, depuis le début de l'année, les pleurs ne cessent pas.

J'aimerais tant pouvoir l'aider dans ces moments-là pour pallier son aversion à l'idée de partir pour l'école, d'autant plus que le personnel sur place m'affirme la voir arriver enjouée et plutôt joyeuse une fois dans la salle de classe.

Certains jours, je suis tellement désemparée que j'appelle l'école pour connaître son état à l'arrivée. La jeune femme au bout du fil qui s'occupe généralement de Vera me dit souvent la voir arriver avec les yeux fermés qui ont pleuré. Elle monte ensuite à l'étage, se détend progressivement et reprend le cours de sa journée.

Je ne voudrais surtout pas laisser paraître l'institution de Vera comme un endroit où on ne s'occupe pas bien des enfants, ce serait absolument mensonger. Le personnel est aux petits soins et tous essaient de faire de leur mieux. Ils ont eux-mêmes beaucoup souffert de cette situation de pandémie qui a valu de nombreux arrêts maladie, dus tant au virus qu'au *burn-out*. Ce n'est pas étonnant que Vera ait très mal vécu cette transition dans une telle période.

POLITIQUE D'INCLUSION

Nous avons beaucoup de chance d'avoir une prise en charge aussi complète autour de son handicap. Vera bénéficie de toutes les thérapies dans le lieu qui l'accueille : physiothérapie, logothérapie, téléthèse, atelier musique pour son développement cognitif et moteur, piscine en eau chauffée pour détendre son corps, enseignement spécialisé avec les autres enfants.

Avant la crise sanitaire que nous avons connue ou traversons, elle partait en intégration dans une crèche avoisinant son institution pour rencontrer d'autres enfants « ordinaires » et pour que les enfants de la crèche puissent connaître un enfant « extra-ordinaire ».

De prime abord, le contact n'était pas évident entre Vera et les autres enfants et elle se montrait plutôt timide. Alors ses accompagnants prenaient Vera avec eux pour servir le sirop aux autres enfants afin qu'elle puisse s'approcher de chacun d'eux.

Pour son cours de gymnastique, l'institution de Vera a obtenu un partenariat avec l'école publique du quartier pour favoriser l'inclusion. Les enfants et adolescents ne sont pas mélangés avec les écoliers, mais cet échange leur permet de se voir. Les enfants et adolescents ordinaires peuvent prendre en considération l'existence proche d'individus différents d'eux.

L'établissement public prête la grande salle de sport dans laquelle Vera se rend tous les jeudis matin avec sa classe et ses enseignants. Elle y fait des parcours, des petits sauts, joue avec de grosses cordes suspendues et travaille son équilibre général.

Une salle de classe dédiée est uniquement utilisée par les plus grands élèves de l'institution. Il s'agit d'une vaste pièce avec de grandes baies vitrées. Les éducateurs font de leur mieux pour rendre cette salle de classe accueillante en y accrochant des dessins aux murs et en y ajoutant quelques couleurs et matières douces.

Dans le milieu du handicap, on parle beaucoup d'inclusion et d'intégration. Pour plus d'acceptation, il est effectivement important que les personnes dites ordinaires puissent rencontrer des personnes différentes. C'est la rencontre qui permet l'ouverture d'esprit face à ce qui est différent de nous, pour ne plus avoir peur, ne plus être dans le jugement ou, pire encore, dans la moquerie.

Ces mises en situation sont parfois périlleuses pour les enfants comme Vera qui peuvent se sentir exposés et minoritaires face à tous ces enfants ordinaires qui communiquent avec fluidité entre eux. Un enfant dont les caractéristiques sont particulières, doté d'une grande sensibilité, peut vivre cette exclusion de plein fouet.

Alors que l'inclusion est louable dans son idée, il s'agit d'un protocole exigeant à mettre en place pour que l'enfant en situation de handicap ne soit pas pénalisé. En suédois, il existe une expression qui dit que les enfants semblables jouent le mieux entre eux : *lika barn leka bäst*.

Certains prônent l'adaptation des besoins de chacun au lieu de l'intégration. Ce n'est pas forcément évident pour les enfants handicapés qui s'amusent et communiquent ensemble dans leur silence ou dans leurs bruits expressifs. L'inclusion demande aux enfants ordinaires de calmer leur rythme pour aller vers l'enfant handicapé, ce qui demande un accompagnement adulte précis et conscient. Lors de ces rencontres, l'enfant en situation de handicap doit à son tour s'adapter à un rythme naturel qui n'est pas le sien.

J'observe partout autour de moi beaucoup de craintes ou de jugements portés sur la différence et émets l'idée que l'intégration pourrait se faire davantage de la part des personnes ordinaires vers le milieu du handicap que l'inverse. Nous aurions tous beaucoup à y gagner pour grandir.

J'espère que nous pourrons tous trouver le moyen de coexister, de nous respecter et de nous considérer les uns les autres. Qu'aucune tranche de la population ne vive cachée ou ne soit la victime de jugements hâtifs, issus essentiellement de la peur que nous pouvons éprouver face à la différence. L'inclusion a pour principal but la compréhension et l'acceptation.

LES OUTILS DE COMMUNICATION À L'ÉCOLE

L'un des principaux buts de l'institution autour du handicap est d'aider les enfants à s'exprimer avec un maximum de codes du monde qui les entoure, afin de leur permettre de s'y intégrer. Les enseignants spécialisés et accompagnants de Vera s'attellent par tous les moyens qui sont les leurs à donner une vie meilleure à Vera en lui permettant d'acquérir toujours plus d'autonomie. En contrepartie, mon enfant fait de son mieux et donne beaucoup de sa personne pour se fondre dans le cadre proposé en apprenant l'utilisation des moyens de communication qui sont à sa portée.

L'intention est juste et bonne. Je crois qu'il faut en effet donner aux personnes en situation de handicap toutes les clés dont elles sont capables de se servir pour pouvoir exister dans ce monde. De leur côté, les personnes ordinaires pourraient se pencher davantage sur la richesse – en savoir-être, compétences et connaissances – dont disposent les personnes en situation de handicap pour qu'un réel échange puisse avoir lieu. Une véritable rencontre pourrait être profitable pour tous. L'interaction est souvent déséquilibrée, car les personnes ordinaires pensent en savoir plus. Ce filtre opaque de la pensée les empêche de prendre en considération tout ce que ces personnes plus fragiles, plus muettes, ont à leur transmettre.

VERA SE DÉFEND

Je trouve très positif que Vera sache aussi bien se défendre de toutes ses déconvenues. Elle n'hésite pas à remballer tous ceux qui s'aventurent à lui faire des crasses. Autant est-elle timide dans certaines situations sociales, autant elle sait se défendre bec et ongles si d'aventure on tente de lui brosser les cheveux ou encore pire, de lui faire un test PCR nasal Covid-19. Elle s'est alors tellement fâchée qu'elle n'a plus rien voulu savoir du reste de la journée : ni manger ni suivre les directives de personne.

Vera m'inspire. Grâce à son exemple, j'affine au fur et à mesure ce qu'il m'est aujourd'hui possible d'admettre ou pas. Elle me montre comment dire « stop », comment dire « non ».

MA TERRE, MA GLAISE, MON ART

Et ce n'est pas tout. Vera m'a aidée à ouvrir mon cœur. À sa naissance, j'exerçais uniquement le métier d'artiste, alors que je mène aujourd'hui des activités complémentaires axées autour de la thérapie. Percer dans le milieu de l'art contemporain est un sacerdoce, un monde dans lequel la place se mérite et résulte aussi bien de la chance, du talent que du fruit du dur labeur. J'ai fait partie de ceux qui travaillent avec intransigeance, jour et nuit s'il le faut, qui mettent au défi les capacités physiques du corps et du mental. Par le biais de ma discipline spirituelle, du focus, d'un mental fort et par la vie que j'ai menée, je suis souvent allée au-delà de mes limites. Les outrepasser et ne pas me laisser freiner par mes peurs a longtemps été une direction capitale pour moi. Pour déjouer cela, je me suis exercée à dompter la force de mon mental pour être à l'écoute de mon esprit et ne pas me laisser dicter mes choix de vie par mon mental inférieur. Si je prends au pied de la lettre ce que me dit mon mental, je me restreins à vivre dans un monde dangereux dans lequel je suis limitée, où mes incapacités sont nombreuses, et ne suis pas à la hauteur de mes rêves. Mon enfant intérieur blessé me dirait sans doute que je ne suis pas à même de m'exprimer sur certains thèmes, de prendre ma place, d'exister de la manière qui m'épanouirait. Je préfère ne pas me limiter à ce que me dit ce saboteur tout en restant à l'écoute des blessures dont il me fait part. Je peux tout aussi bien m'adresser à lui, à cet enfant craintif et blessé à l'intérieur de moi, pour le remercier, lui dire que tout va bien, que je suis grande maintenant, que bien qu'il me veuille du bien en me protégeant de tout « danger » que ce soit, il n'a plus besoin de se soucier de moi. À présent, je reprends les rênes pour réaliser les projets de vie qui me donnent envie. Peu importe ce que raconte cette petite voix sujette aux aléas du passé et au poids de ma lignée, je choisis d'être libre. C'est ainsi que j'ai même pu partir vivre quelques mois avec Vera à New York pour donner un workshop d'art au Queens College et préparer une exposition en Corée du Sud. J'ai dit OUI. Les personnes de notre entourage n'en croyaient pas leurs yeux. Au-delà de ces exemples, je sais cependant aussi quand je dois m'écouter et prendre soin de moi.

Naturellement, je dors relativement peu et parviens par la force de la pensée à enseigner à mon corps de s'adapter à ce que je suis capable de lui fournir sur le moment. Il est possible d'augmenter les dispositions de nos corps par la puissance de l'intention. Si je pousse mes limites trop loin, il me dit stop et je dois alors entendre ce qu'il a à me dire.

Pour me permettre de mettre en place tous mes projets, je me livre à un quotidien organisé et discipliné, faute de quoi, je n'aurai jamais la chance de concrétiser mes idées, mes envies et de réaliser ma contribution à ce monde.

Cette discipline est avant tout spirituelle plus qu'elle n'est militaire. Mon corps physique dispose naturellement de beaucoup d'énergie et je suis profondément insatisfaite si je ne parviens pas à la dépenser. Je ne nie pas que cet attribut est certainement l'un des piliers qui me permettent ce dynamisme. Je sais que nous ne sommes pas tous ainsi faits et que certaines personnes ont un tempérament les menant vers un rythme plus calme. Nous devons tous jongler avec les attributs que nous avons et en faire nos forces.

Pour garder et maintenir mon énergie, je fais aussi très attention au type de relations que j'entretiens pour qu'elles soient nourrissantes. Je choisis avec précaution ce dont je m'entoure pour baigner dans un environnement le plus harmonieux possible. Je filtre ce que je regarde, vois et écoute, prenant garde à ne pas me laisser traverser par toute la peur et la violence du monde via des films ou des émissions télévisées qui sont absolument délétères pour la psyché humaine. De nombreuses études ont été faites au sujet du mental subconscient qui ne fait pas de distinction entre la violence vécue à travers les écrans et celle expérimentée à la première personne du singulier. Le temps à ma disposition étant restreint, je préfère l'utiliser au mieux. Il n'en résulte pas moins que je bois peu de café avec des amies, même si ma vie sociale me satisfait pleinement. Je rencontre beaucoup de personnes par le biais de mes soins, de mes enseignements et par mon travail culturel. J'ai ainsi toujours pu conjuguer tous les aspects de ma vie dont l'art et la créativité ont toujours été des piliers fondamentaux.

Les idées d'œuvres viennent régulièrement à moi, je les vois dans mon esprit avant qu'elles ne prennent forme dans la matière. On peut parler d'œuvres d'art canalisées, sorties des tréfonds de mon âme et parfois de ma psyché. Je concrétise, je modèle, j'exprime les fruits de mes pensées.

À l'arrivée de Vera dans ma vie, ma manière de travailler m'a paru inadaptée. Je ne pouvais plus utiliser mon potentiel de création simplement au service de mes idées, mais sentais le besoin de devenir un co-créateur avec les spectateurs. La céramique, qui était mon matériau de prédilection, mon amour premier, la glaise, à l'image de la Terre Mère à qui je voue une vénération absolue, ne pouvait plus être cuite si je voulais pouvoir intégrer le public dans le processus de création. Je me destinais donc à travailler la matière crue de manière éphémère pour que les personnes, les visiteurs des centres d'art et des musées puissent eux aussi la toucher.

J'ai démarré une série intitulée *Living Landscapes*, des paysages vivants formés de plusieurs tonnes d'argile crue que j'investissais de sons, de chants et d'art vivant. Durant les performances, j'invitais les gens à venir toucher la matière argileuse pour qu'ils puissent eux-mêmes se rendre compte de sa magie et de ses bienfaits. Je suis toujours partie du principe que lorsque l'artiste crée, c'est son âme qui communique avec l'âme de la personne qui voit l'œuvre. Mais pour comprendre véritablement ce qui est dit, je voulais laisser à l'observateur une chance de venir dans le vif du sujet et de prendre part à sa création.

Certaines personnes qui partageaient mes affinités y ont trouvé de la joie et de la paix. Avec d'autres, l'interaction était moins profitable parce que nous ne percevions pas ou ne ressentions pas le monde et la matière de façon similaire. Ces expériences m'ont montré qu'il peut être inadéquat de proposer à une personne de ressentir quelque chose qui ne lui correspond pas ou qu'elle ne distingue pas naturellement. Un être humain ne pourra que difficilement être autre chose que ce qu'il est. Chaque sensibilité est unique, plus ou moins fragile ou sensible à certains endroits. Ce qui touche l'un ne touche pas l'autre, et vice versa.

J'ai beaucoup aimé réaliser ces multiples paysages vivants au fur et à mesure des années. J'ai aimé toucher la terre jusqu'à l'épuisement, j'ai aimé co-créer avec elle dans cette démarche fondamentale en hommage à la vie, à la Terre et à l'énergie qu'elle nous confère. C'est une mère et la source même de tout ce qui est vivant. Vera m'a aidée à ouvrir mon cœur et ma psyché pour partager tout cela.

RENOUER AVEC LA VIE

Les périodes, les événements s'empilent et s'enchaînent depuis que je partage la vie de Vera.

Ses expressions sont tantôt calmes et sereines, tantôt chaotiques et cabrées. Chaque jour est différent et peut changer intempestivement, d'une minute à l'autre, très soudainement. Au quotidien, Vera télécharge des tensions qui sont ingérables pour elle, qui la rendent incontrôlable et impossible à aider. Pour moi, c'est un puits sans fond.

Ironiquement, ce sont toujours dans ces périodes-là que, comme par hasard, les nounous de Vera tombent malades, sont en formation ou absentes pour toutes autres raisons. Vera et moi sommes alors seules tous les soirs de la semaine et je vis des week-ends entiers qui semblent interminables. Mon système nerveux se retrouve broyé jusqu'à la dernière terminaison sensible.

Vera se transforme alors en petit troll qui ne me lâche pas, hyper exigeante, réagit par des crises de colère qui peuvent surgir à chaque instant. L'appartement se retrouve sens dessus dessous, elle vide tous les tiroirs, jette tout par terre en guise de protestation contre on ne sait trop quoi. Impossible de l'atteindre, de la contenir, de la raisonner.

Elle est perdue dans son monde. Un monde fait de mutisme et de frénésie. Mon rôle à côté d'elle est de tenir bon, d'être le parent qui ne flanche pas ; je n'ai pas le choix. Il n'y a personne d'autre et, si je me brise, le résultat serait de la non-assistance à personne en danger.

Vera ne sait pas se nourrir seule, ne sait pas s'habiller, ne sait pas aller aux toilettes, ne sait pas prendre un téléphone pour appeler à l'aide si je faiblis.

Elle a bientôt onze ans. Dans quelques semaines, elle aura onze ans et je prends la mesure des dix/onze ans passés à vivre ainsi, dans cette cyclothymie assistée. Comment est-ce que je fais ? Je ne sais pas. Je me cramponne, je m'accroche, je dépose les armes intérieurement, je pleure toutes les larmes nerveuses de mon corps et m'exerce à parfaire ma résilience, la force de l'esprit.

Je ne peux pas lutter. Je ne peux pas lutter face à ce constat. Je suis devant un fait accompli, j'ai mis au monde un enfant différent et il en est ainsi. Mon chemin est à présent tel qu'il est et je ne peux que l'accepter.

Dans mes moments de plus grand désarroi, je désespère, je demande la guidance intérieure, je demande le soutien des anges qui pourront peut-être m'apporter un peu de force, de douceur ou de consolation. Je demande l'aide du divin, parce que je n'ai nulle part ailleurs où me tourner dans le vif de la situation.

Je peux prévoir des nounous et de l'aide des mois à l'avance, mais comment savoir si ces nounous seront là au moment où j'en aurai véritablement besoin ? Comment programmer les crises à l'avance ?

Je ne peux me fier qu'à ma force intérieure, à ma capacité d'adaptation, d'acceptation de tout ce qui est. Ainsi, je me rends, je me résigne, j'abandonne la lutte, je cesse de vouloir que les choses soient autrement. Je me conforme à ma réalité sans essayer de la changer.

Pourquoi agir ainsi ? Parce que je suis convaincue que la lutte crée la souffrance et la résistance à tout ce qui est. Je ne peux pas programmer à l'avance les événements qui m'arrivent en fonction de mon propre agenda. Je ne peux que choisir de les accepter tels qu'ils sont. En ceci, je suis sujette à une force plus grande que moi que je ne peux ordonner. Nous ne pouvons par définition donner forme au chaos. Le chaos est ce qu'il est.

Je peux en revanche apprendre à maîtriser mon propre mental et mettre la force de mon esprit au service de ce qui se présente à moi. Tout comme un athlète muscle son corps pour parvenir à accomplir ses performances, je muscle la force de mon esprit en ne vibrant plus que sur l'amour, sans jamais juger ce que la vie a voulu pour moi. Du moins, je m'y emploie.

C'est là la seule et unique voie vers ma libération : ne plus me battre, ne plus lutter. Lorsqu'il n'y a plus de bataille, plus de guerrier, il n'y a plus de force ennemie à battre. Il n'y a plus que le vaste, le néant, le vide de tout ce qui est, et dans lequel nous construisons nos vies. Lorsque je baisse les armes, il ne reste plus que la plénitude de l'esprit qui peut enfin trouver la paix dans l'infini. Je ne peux pas dire que cet apprentissage est facile et évident, il est l'enseignement de toute une vie de résilience, de retour à soi et de foi en l'idée que tout ce qui est, est juste en étant là. Chacun saura trouver les philosophies qui lui conviennent le mieux. Pour ma part, les lectures des maîtres tibétains m'ont profondément soutenue, les écrits sacrés de la lignée essénienne ainsi que les enseignements issus de nombreux contemporains, dont Paramahansa Yogananda qui est devenu mon point d'ancrage final. Je suis sur le chemin depuis très jeune et ai souvent changé de maître une fois la transmission acquise. Je parviens à identifier un dénominateur commun entre tous, affirmant que l'équilibre entre le chaos et l'harmonie forme notre monde. Ce sont dans ces courants contraires que nous apprenons à naviguer.

« Ce sont dans ces courants contraires que nous apprenons à naviguer. »

Il n'y a pas d'autres chemins, d'autres voies. Il n'y a que la paix qui se cache derrière chaque drame ou accident. Très profondément enfouie dans l'être se love la paix intérieure qui espère être retrouvée. Elle joue à cache-cache à travers des labyrinthes et méandres du monde et de la vie.

Je suis dans une gratitude infinie à chaque fois que je rejoins en mon être cet espace sacré dans lequel plus rien ne peut m'arriver, je suis au cœur de la tempête maintenue en toute sécurité, parfaitement installée dans l'œil du cyclone. Vera peut bien s'agiter, je le sais, je le sens, je le suis, JE SUIS. Je ne suis que ma présence ici et là où je me trouve en cet instant et tout peut virevolter autour de moi. Plus rien n'a aucune importance dans ces moments-là.

Cette approche m'apporte une qualité d'être envers et contre tout, je n'ai plus peur de rien. Je peux explorer avec mes amis humains les travers des déconvenues de ce monde qui se meut et se transforme à l'infini. Je peux en cet espace, en cet instant, culminer dans ma contribution d'être humain en n'étant rien d'autre que celle que je suis. Je suis au service de plus grand que moi, et c'est la voie la plus bénéfique pour moi.

Je pensais vivre dans l'abnégation et je m'aperçois alors que je vis l'ouverture du cœur.

LA VOIE DE L'AMOUR

Pour aider Vera de manière salvatrice, je dois faire en sorte de ne pas me laisser happer par les mêmes émotions que celles qui l'accaparent, elle. Lorsque, envahie par des émotions fortes, elle me fait savoir qu'elle ne peut rien y faire et en est désolée, je ne peux que la comprendre. « Maman, c'est comme un ouragan qui me prend, c'est plus fort que moi, je ne peux pas lui résister », me dit-elle. Et je sais bien, moi, que nul ne saurait résister à un ouragan.

Il en est ainsi pour ma petite Vera. Lorsqu'elle sort de ces crises, elle est épuisée du manque de sommeil induit par les décharges électriques du tonnerre. C'est ce qu'elle ressent.

Dans les moments de repos après la tempête, épuisée, elle ne peut plus rien intégrer. À bout, elle se love contre moi comme unique endroit de rémission. Elle me demande pardon intérieurement et je ne peux que l'excuser. Il n'y a d'ailleurs rien à pardonner. Elle est qui elle est et il en est ainsi. Bien que ces excès tempétueux demandent beaucoup d'efforts, je ne peux m'imaginer être autre part qu'à ses côtés. Si je fuis, je la rejette dans ce qu'elle est, alors je la tiens, je la maintiens quoi qu'elle fasse, quelle qu'elle soit.

C'est son droit le plus fondamental d'être aimée et soutenue par sa maman. Tenir l'espace pour quelqu'un – quel que soit le contexte – signifie de ne pas le juger, de poser ses limites certes, mais de maintenir un cadre bienveillant. La personne peut se délivrer de toutes ses parties les plus limitantes, de tous ses aspects les moins charmants sans qu'on lui en tienne rigueur. Nous avons tous des aspects moins reluisants de notre personne et il n'y a que peu d'espaces sur cette Terre où nous pouvons être reconnus tels que nous sommes, acceptés dans l'expression de nos blessures qui nous poussent à laisser émaner notre rage, haine, colère, jalousie, honte, mal d'amour et toute autre émotion qui nous dessert.

Je ne punirai pas Vera en la privant de mon amour, surtout dans ces instants-là. Je voudrais avouer ici que ces étapes sont souvent au-delà du seuil de tolérance de ce qui m'est possible de supporter et que l'envie de m'en aller est grande.

La voie de l'amour reste pour autant la seule et unique vérité qui soit. Les situations que nous traversons, Vera et moi, sont autant d'occasions de mettre en œuvre cette voie. Ma vocation est d'appliquer l'amour à chacune de mes relations.

Je dois aussi prendre en considération les membres de notre famille qui vivent autour de nous. Les trois autres enfants n'ont pas choisi de vivre ces situations, et bien que mon compagnon se soit mis en couple avec une mère d'enfant polyhandicapé et autiste en connaissance de cause, il ne lui est néanmoins pas facile à lui aussi d'entendre tous les râles qui peuvent être omniprésents à la maison durant de longues périodes de tension. Les uns et les autres trouvent des espaces pour s'isoler et se mettre à l'abri du son ambiant. Les enfants de mon conjoint, aujourd'hui adolescents, passent le plus clair de leur temps dans leurs chambres par choix personnel et ne se soucient pas trop de Vera et de ses crises lorsqu'ils étaient enfants. Ils ont toujours été très occupés par leurs propres affaires et nombreuses activités.

Il n'en reste pas moins que je tente de préserver les personnes autour de nous. Étant l'adulte référent de Vera, ces moments d'expression de ses tensions intérieures me sont adressés pour que je puisse la comprendre. Aussi semblerait-il qu'ils m'atteignent plus profondément qu'ils ne touchent les personnes partageant notre foyer.

MA SANTÉ PSYCHIQUE

Il m'est souvent arrivé de pleurer en attendant le retour à la maison de Vera après l'école. Lorsque je suis au bord du gouffre nerveux et que la tension est si haute qu'elle pourrait me faire dérailler, j'ai peur de ne pas tenir. J'ai peur des coups. J'ai peur de la maltraitance de cette situation. Je guette la voiture de transport à la fenêtre et j'angoisse du sort que me réservera la soirée, de 16 h 30 jusqu'à 21 h ou encore bien plus tard si nous n'avons pas de chance de dormir ce jour-là.

Trois nounous ont été embauchées pour avoir la possibilité d'alterner au cas où l'une ou l'autre ne pourrait pas venir travailler. Tout a été mis en place pour pallier la situation où je devrais être débordée.

Il arrive pourtant parfois que le hasard de la vie veuille que toutes aient des empêchements en même temps et que cela mette en péril tout l'équilibre que nous avions trouvé.

Je suis alors seule avec Vera qui est elle aussi désolée de cette situation. Elle se rend très bien compte de la fragilité du moment et voit bien que je ne tiens plus. Pourtant, elle a continuellement besoin de quelqu'un à ses côtés et va solliciter la personne qui est là. En l'absence de qui que ce soit d'autre, c'est de moi qu'il s'agira. Dans ce type de cas, je réduis ma charge de travail au minimum possible, me rappelant que personne n'est irremplaçable.

Régulièrement, le moment du coucher est le plus délicat. Vera peine à s'endormir seule et angoisse souvent le soir. Elle a du mal à se détendre et à lâcher prise après sa journée. Elle me montre souvent la direction de sa chambre autour de 20 h 00 pour s'y reposer à l'orée de la nuit. C'est souvent le moment où tout dégénère. C'est à cet instant qu'elle prend la mesure de l'enjeu de la nuit qui l'attend, qu'elle se réexcite et ne veut plus dormir. Elle tourne en rond comme une toupie. Si je la sors de sa chambre pour se défouler ailleurs, je n'aurai pas plus de succès. Elle me fait signe qu'il lui faut des bras. Peut-être les miens sont-ils déjà trop usés pour lui apporter la quiétude à laquelle elle aspire ?

Certains soirs sont magiques, d'une paix et d'une connivence tendres alors que d'autres ressemblent à une descente aux enfers. J'ai l'impression alors d'être la seule à laquelle elle réserve un tel traitement, car elle est toujours bien plus calme avec sa grand-mère ou même avec certaines nounous. Je ne sais plus comment faire. En certains instants, je pense avoir rétabli la situation, alors qu'à d'autres, j'ai la ferme conviction de n'avoir fait aucun chemin. Je suis tout simplement désemparée et attends impatiemment le repos du guerrier, s'il veut bien arriver. En attendant l'apparition du ciel bleu, avoir du courage est la seule option.

Je m'inquiète parfois pour ma santé, pour l'état de mes nerfs et celui de mon cœur. Je ne sais pas si je tiendrai très longtemps à ce rythme et dans ces conditions. En cas de détresse suprême, il n'existe pas de solution de secours pour un parent comme moi qui devrait se faire hospitaliser d'urgence. Il n'y a aucune instance prête à accueillir Vera, sauf éventuellement son institution, bien qu'elle n'ait pas un personnel censé gérer ce type d'imprévu.

Je connais la précarité de ma situation parce que j'y ai été confrontée. J'ai téléphoné à l'hôpital pour leur dire que j'étais en train de tomber et qu'il allait me falloir une aide d'urgence. Des voix calmes à l'autre bout du fil me répondaient que ce genre de service n'existait pas. Il ne serait pas possible de s'occuper du parent malade et de prendre en charge son enfant. Il serait en revanche possible de m'accueillir si je pouvais trouver un endroit pour accueillir Vera – ce qui demanderait donc de nous séparer.

Lors de mon *burn-out*, quand je suis véritablement tombée, quand j'étais couchée tremblante à terre, à même le sol de ma chambre, le jour de la fête d'anniversaire des six ans de Vera, c'est ce qui s'est passé. Ce sont mes parents qui m'ont trouvée dans cet état alors qu'ils venaient sur place un peu plus tôt. La fête a vite été annulée. La famille de Vera a rapidement dû se mobiliser. Les grands-parents et le père de Vera se sont organisés pour reprendre la garde. Je n'ai plus revu Vera pendant un mois, deux mois, je ne sais plus. Mon cerveau déréglé, j'étais dévastée, prise d'angoisses de mon sans formes et sans nom. Mon compagnon était à mes côtés autant qu'il le pouvait. Je ne sais pas bien comment j'ai pu me relever. J'ai si peur que ce jour arrive à nouveau. Je deviens à mon tour la personne en danger qui peine à recevoir de l'assistance au quotidien et dans les moments de crises inopinées. C'est un trauma qui s'ancre dans les cellules de votre corps et qui se répète volontiers à la date anniversaire de l'événement. À force de travailler sur moi et avec cette émotion, je peux la réparer, laisser ruisseler cet épisode. C'est la seule chose que je peux faire : abdiquer, m'en détacher.

Je suis épuisée.

CRISES ET GESTION DES ÉMOTIONS

Progressivement, avec Vera, nous gagnons du terrain. Elle grandit en taille et en forme, je grandis intérieurement. Ce sont des passages initiatiques que nous traversons comme des poussées de croissance dans un corps adolescent. Ce qui nous est donné à vivre n'est aucunement de tout repos, les enseignements frappent à la porte et me renversent à gros coup de vent. Je n'aurais jamais été cherché dans mes ressources les plus profondes par moi-même si je n'y avais pas été forcée. Toute seule, sans l'aide de ces bousculades, je n'aurais pas été prête à ouvrir les portes qui se dressaient devant moi.

Je me sens comme dans un long couloir dont les murs se resserrent, la voie est *à priori* sans issue. Je suis prise dans cet étau. Les maux font mal, ils chahutent et percutent. Ils peuvent même faire croire que je n'aurai pas la force nécessaire d'y arriver.

J'ai pu remarquer que ces événements oppressants arrivent souvent groupés et que les blessures les plus profondes que nous détenons se réveillent à plusieurs en même temps. Une grosse vague est souvent suivie par d'autres.

Lorsqu'une période charnière de bascule est traversée, les recoins les plus obscurs invitent à être visités, à être pris en compte pour pouvoir être libérés. Lorsque ces blessures font spontanément surface, il n'y a souvent pas d'autre choix que de les traverser, et ce, avec le plus de grâce possible.

Blessure d'abandon, de trahison, de rejet, de ne pas être aimé, les peurs diverses et variées, les peurs de ne pas être à la hauteur, de faire faux, la peur de se tromper, la peur de ne pas se faire honneur à soi ni aux autres par extension, il en existe tant...

Si le ciel a ouvert sur nous cet ouragan dont parle Vera, rien que pour nous, s'il a décidé de souffler, si ce n'est pas pour nous briser, alors c'est pour évincer toutes les croyances qui nous limitent et nous font penser que nous ne sommes pas les détenteurs de notre propre rédemption. Je le crois profondément.

Nous sommes mis à l'épreuve quant à notre courage, à notre capacité à maintenir l'espoir, le cap. Nous ne voyons parfois plus quelle peut être l'issue de la tempête dans laquelle nous nous trouvons. Les émotions ont pris le dessus et monopolisent notre personne tout entière. Les idées, les pensées tournent en boucle, en ce qui concerne l'humanité, notre condition. Nous nous sentons seuls dans un vaste océan, perdus sur les flots.

Dans l'immédiat, je ne vois pas d'issue à la situation dans laquelle je suis : Je ne sais pas non plus comment y échapper et voudrais ne pas avoir à y faire face. Je pense qu'à différents endroits, nous sommes tous les marionnettes de nos émotions à différents degrés. Certains les perçoivent et d'autres pas. Certains pensent être leurs émotions et s'y identifient complètement. D'autres sont renversés par elles, mais savent que ces émotions ne sont pas l'expression de leur vérité la plus sincère et la plus profonde. Ils savent qu'ils ne se réduisent pas à leurs seules émotions. Sans doute cela demande-t-il un apprentissage.

Il semblerait que nos émotions soient des messagers qui viennent s'exprimer à travers nous pour nous aider à percevoir la ressource qui est en nous, notre capacité à nous donner à nous-mêmes tout ce dont nous avons besoin.

Si je me sens traité avec injustice, si je suis en colère, j'identifie cette émotion et en prends conscience, puis je l'accueille. Je la laisse me traverser et choisis de la laisser s'exprimer à travers moi, sans même forcément l'exprimer verbalement, je la laisse tout simplement circuler à l'intérieur de mon corps. Je vois qu'elle est là et qu'elle porte un message. Je la vois. Je suis avec.

TROUVER SON CALME

À présent, je voudrais la paix. Je me sens comme un animal emprisonné. Je voudrais que l'on me décharge de toutes ces sollicitations. Je ne peux plus, je ne veux plus, je voudrais tout rejeter.

Je sens l'insécurité que la situation révèle. Je me crois seule, non accompagnée, aucunement soutenue. Je me sens abandonnée.

Je m'aperçois alors que mon être intérieur, celui qui est à la source de mon être, connaît tous les trucs et astuces pour me faire revenir à lui pour que je puisse m'unifier à lui dans sa force, son calme et son immobilité. Il y a une partie de moi qui ne craint pas.

Je vois que dans toutes les situations que l'ouragan m'a enseignées, il y a la sagesse de mon âme qui me demande de revenir à elle pour que je puisse recouvrir toutes les ressources qui sont en moi. Mon être intérieur me dit qu'il n'a jamais cessé de m'aimer, de me soutenir et de me tenir dans son espace de sécurité. Jamais ne m'a-t-il abandonnée.

Jamais ne m'a-t-il laissée à l'abandon, errant sur cette Terre sans aucune raison.

À chaque fois que je reprends contact avec cet aspect de moi, une fois que j'ai pu apprivoiser mes émotions pour en souffrir moins, je retrouve la chaleur de mon âme qui ne demande qu'une seule chose : **vivre à travers qui je suis véritablement.**

Mon esprit voudrait prendre la place de mes blessures, des histoires qui m'habitent et me mettent en souffrance.

Mon âme me guide vers la résiliation de la souffrance en me montrant qu'aucune de ces émotions n'est mon essence profonde ni ce qui me compose. Elle m'invite à rentrer à la maison, à ne pas me destituer de ma nature authentique. Le reste n'est qu'enseignements. Je ne suis pas un enseignement. Je traverse une initiation, mais cette initiation ne peut prendre la place de mon essence.

RÉSOLUTION

JE REMERCIE

Ainsi, je vis avec Vera, je vis dans une famille recomposée, je vis avec un compagnon père de trois enfants adolescents. Je leur rends hommage à tous. Grâce à mes blessures, j'élague mon terrain intérieur régulièrement et acquiers progressivement de la dextérité dans mes mouvements. Je peux parfois expédier en quinze minutes ce qui, auparavant, pouvait m'atteindre une semaine durant.

Alors que certains obstacles sur le chemin sont plus grands que d'autres et demandent un peu plus de temps, je constate n'avoir pas beaucoup de repos entre les orages.

Je maintiens malgré tout ma foi en la vie et réponds positivement à son invitation à partager aux autres le fruit de mes apprentissages.

À la sortie de mes tempêtes, lorsque je peux à nouveau voir avec une clarté limpide ce qui a causé la situation, lorsque j'ai pu recouvrer mon esprit, je ressens toujours une gratitude profonde envers la vie. Je la remercie de l'intelligence et de la subtilité de tous ses enseignements. Calme – tempête, calme – tempête... Ainsi va le cycle de la vie. On imagine à chaque accalmie que cette fois-ci on est plus forts et que la tempête prochaine ne nous atteindra pas alors que la suivante viendra au contraire nous chercher dans une couche encore plus profonde que celles que nous avions déjà vues.

C'est un chemin sans fin mais ô combien gratifiant. Je me sens mieux armée à chaque étape et n'ai jamais connu autant d'outils pour rencontrer mes blessures et mes épreuves.

Je nettoie pour moi et pour les autres à la fois.

Je suis reconnaissante de tout.

LE JEU DES RÉSEAUX SOCIAUX

Il y a quelque temps, j'ai entrepris de réaliser des vidéos au sujet de Vera et de mon rôle de mère « proche-aidante ». C'est un concept qui peut sembler étranger pour certains, puisque l'on devient un être aidant dès le moment où l'on met au monde un enfant. Un enfant a, par définition, besoin de nous en tout temps et nous sollicite continuellement. La dénomination proche-aidant s'applique lorsque la personne ne peut se débrouiller en autonomie à des âges auxquels il serait commun de pouvoir le faire et nécessite un engagement plus avancé à son égard. Les gestes d'un proche-aidant se quantifient lorsqu'il aide autrui à se vêtir, s'exprimer, se laver, se nourrir, aller aux toilettes, etc.

Les vidéos que j'enregistre servent à sensibiliser au sujet de ce que signifie être parent d'un enfant handicapé, sans alourdir ni enjoliver, mais pour raconter ce que nous expérimentons le plus simplement possible, telle que la vie est.

Ces récits ressemblent à peu de chose près à ce que je décris ici, à l'image d'une vie nuancée, teintée de peines, tantôt même de souffrances, de deuils, mais aussi de moments de grâce extrême.

Il peut suffire à Vera de m'offrir un sourire en me regardant droit dans les yeux pour que plus rien n'existe autour de moi. Je suis prise par la grâce divine la plus féconde que je connaisse. Bien que cela sonne très religieux, je n'ai pas d'autres mots pour décrire ce que je ressens dans ces moments. Lorsque Vera vous regarde ainsi, plus rien n'a d'importance. Elle porte en ses yeux le langage de l'infini.

Nous travaillons dur, elle et moi, pour parvenir à ces instants-là. Nous y parvenons parce que nous voulons toutes les deux avancer et évoluer à nos endroits respectifs. Si je me permets d'exprimer ce que je vis en ces termes, c'est parce que je l'ai expérimenté et vécu pleinement. Je sais aujourd'hui que Vera n'aurait jamais pu être l'être humain qu'elle est aujourd'hui sans une maman qui croit fondamentalement en chaque instant en elle et en sa capacité d'être un Homo sapiens incroyable.

Quant à moi, je ne serai pas la moitié de qui je suis si elle ne m'avait pas enseigné empiriquement tout ce que je sais. Rien ne sert de lire tous les livres de développement personnel du monde, d'étudier toutes les théories philosophiques, d'être un fin érudit de toutes les sciences humaines, si nous ne pouvons pas appliquer les préceptes décrits dans ce que nous vivons, surtout dans les moments extrêmes.

Celui qui n'y parvient pas n'est pas en faute, et je n'y parviens pas toujours moi-même. En revanche, l'intention que nous y mettons compte. Tout apprentissage est précieux. Si nous ne parvenons pas à résoudre notre état la première fois, peut-être pouvons-nous nous remettre en question et y parvenir à la deuxième ou à la troisième, sans culpabiliser ni nous accuser.

Aussi vrai est-il que nous ne gagnons rien à mettre les fautes sur les autres. La personne qui nous a malmenés a aussi été un messager nous informant que nous n'étions pas clairs envers nous-mêmes. Cet autre peut être le déclencheur vers une réalité et un champ des possibles que nous ignorions. Grâce à la personne qui nous a permis de voir ce que nous ne voulions pas, nous prenons conscience de ce que nous voulons, valons et méritons.

« Tout apprentissage est précieux. »

LE TRAVAIL INTÉRIEUR DE VERA

Si ma situation de proche-aidante me met face à des défis, elle me permet aussi d'outrepasser mes peurs, mes aversions, mes craintes. Je travaille infailliblement ma capacité à accueillir ce qui est sans le juger, à m'affranchir de l'être humain qui expérimente la vie à travers le spectre de son corps physique. Je tente en chaque instant d'accepter l'expérience que la vie m'offre de traverser sans questionner si la situation me plaît ou non.

Cette expérience est tout simplement ce que je vis. C'est ce que je traverse. C'est ce que j'observe. C'est ce qui me traverse que rien ne peut altérer.

Je n'ai d'autre cause que l'acceptation de qui je suis et de qui est Vera. Tous les jours, je dois me le rappeler et c'est en cela que Vera m'élève. C'est en cela que je deviens à mon tour plus vraie. C'est ainsi que je reprends la flamme et la force de vivre ma vie, en n'oubliant jamais qui je suis.

Vera réalise elle aussi un énorme travail. De son côté, elle s'affranchit de l'être handicapé au travers duquel elle vit aujourd'hui. Elle apprend à manifester son plus haut potentiel au moyen de la personne physiquement limitée qu'elle est à présent.

Cette condition lui demande beaucoup de force et de courage pour parvenir à ses fins. Elle a sans cesse besoin qu'on lui rappelle sa puissance et sa divinité. Elle a besoin d'entendre qu'elle n'est pas que la petite fille Vera Nordin, polyhandicapée avec le spectre autistique associé. Elle a besoin que mon regard soit posé sur elle pour ne pas déchanter et cesser de vibrer, et pour qu'elle entende sa plus grande vérité. Ainsi, elle se réalise alors pour montrer au monde qu'elle va bien. Il lui tient à cœur que nous diffusions son message autour d'elle et autour de nous. Elle veut absolument que je m'exprime à son sujet et que je raconte qui elle est. Elle cherche en tout temps, à chaque nouvelle rencontre, à montrer qu'elle est rayonnante, lumineuse et qu'elle va bien. Elle offre de sa personne, fait des câlins à des personnes qu'elle ne connaît pas. Elle leur partage un bout de son cœur, rendant coite la majorité des personnes à qui elle offre son amour. Elle se réalise en se montrant et en montrant au monde qu'une personne polyhandicapée et non verbale n'est pas ce que l'on croit. Elle se réalise en apprenant à marcher, en faisant des efforts colossaux pour se fondre dans le monde de normes qui est le nôtre, en apprenant à communiquer selon les méthodes conventionnelles qu'on lui propose. Elle évolue en dispensant sa présence à toute personne qui la voit et qui ne peut être que touchée par tant de tendresse, de fragilité, de force et de courage à la fois. Elle manifeste tout autour d'elle un lien du cœur dont nous sommes, pour la majorité d'entre nous, incapables. Elle est dénuée de toute attente ou de « qu'en dira-t-on ». Vera ne connaît pas les règles de bienséance, elle ne connaît que la loi du cœur, l'anéantissement de toutes les barrières qui nous séparent. À chaque instant où je communique en son nom, sa voix retentit plus loin, plus fort, et elle peut faire savoir au monde qui elle est vraiment. C'est là que réside son accomplissement et c'est aussi pour parler d'elle qu'elle m'a choisie comme mère.

Si je passe trop de temps éloignée d'elle, je la sens vidée de son énergie lorsque je la retrouve. Elle me semble plus légère quand je la porte dans mes bras, comme si elle avait perdu de sa consistance.

Aussi ai-je compris qu'une partie de ce que j'ai à accomplir se fera auprès de Vera pour véhiculer au mieux son état, sa pensée, qui elle est.

Je me dois de répondre aux exigences de mon âme en accompagnant au mieux mon enfant, aussi bien dans le monde physique et matériel qu'à des niveaux plus subtils.

Depuis sa naissance, Vera n'a cessé de me guider vers une plus grande compréhension de ma raison d'être, et en cela, je la respecte hautement. Elle me montre par son exemple ce qu'est la ténacité, la flamme, le feu, l'envie d'y arriver. On dit souvent que sans le travail, une idée ne peut aboutir. Elle me montre qu'il est bon d'accepter ses failles et ses faiblesses alors que nous nous jugeons trop souvent. Elle nous rappelle de voir la lueur éternelle qui est en nous et de nous tenir les plus proches possible de la lumière que nous sommes. Le reste n'est que futilité, les illusions d'un ego trop occupé à vouloir être ou paraître ceci ou cela. Nous avons tous la possibilité de choisir notre voie, celle de la complétude et de la réalisation ou, *a contrario*, celle de la satisfaction momentanée.

UN LIEU DE REPOS

Depuis peu, je m'octroie des moments pour me remettre à flot. Une amie me disait très justement que quand on est marathonien comme moi, il faut aussi pouvoir se détendre et se reposer.

J'ai trouvé un lieu où l'on s'occupe de moi, où je n'ai plus rien d'autre à faire que de dormir, me réveiller et participer à des activités qui me sont proposées, comme de la marche en forêt. Vera se repose elle aussi chez mes parents. Une infirmière me rend visite régulièrement pour mesurer ma tension et mettre en place le protocole de soins qui m'est adapté. C'est tout ce dont j'ai besoin. Je reconstruis mon système nerveux, je respire, je fais de la place à l'intérieur de moi, je m'aère dans mes profondeurs. Je serai certainement remise à niveau dans quelques jours pour reprendre la vie qui est la mienne et dont je ne me plains pas.

POURQUOI J'ÉCRIS

Je décris ici ce qu'est ma vie avec un enfant polyhandicapé. Peut-être ce partage pourra-t-il servir à d'autres proches qui vivent des réalités similaires. Peut-être pourra-t-il même éclairer au sujet de ce que veut dire « la différence » alors qu'il n'y en a pas, que nous sommes tous issus du même et vaste océan. Nous partageons tous le même « Je ». Chaque goutte compte et nous sommes tous importants dans le rôle que nous avons à jouer. Même les plus esseulés ne sont pas vains. Nous servons tous une cause que nous ne voyons bien souvent pas, tant elle est proche de nos yeux.

J'aspire à ce que nous puissions surpasser les jugements que nous avons les uns sur les autres, sur nous-mêmes, sur ce qui est. Si nous pouvions dompter cette voix persistante, souvent inconsciente à l'intérieur de nous, nous pourrions retrouver le seul espace dans lequel il est bon d'être : celui du cœur. Il n'y en a nul autre. Vera me l'a prouvé et à présent, je le sais.

L'ÉCRITURE DE CE LIVRE

L'écriture de ce livre est un exercice qui m'est particulier et peu habituel. Je ne sais ni combien de temps cela me prendra ni comment il sera reçu. Certaines périodes sont plus riches en apprentissages et en réflexions que d'autres. Puis arrive le temps de la mise en mots de tout ce qui a été. Certains événements sont plus importants que d'autres qui me semblent plus anodins. Au bout du compte, l'essentiel sera là.

Je sais maintenant que le processus d'écriture est intimement lié à la tournure que prend ma vie. Les deux ne peuvent pas être dissociés et devront se conjuguer au fur et à mesure du temps. Le jour viendra où je saurai que c'est la dernière ligne que j'écris et que le livre sera prêt à être transmis aux éditeurs. J'espère aussi qu'il sera traduit en anglais.

Vera m'enseigne que chaque chose arrive en son temps et correspond à ce qui est juste à l'instant présent. Rien n'est à prévoir ni à calculer, tout est à expérimenter. Tantôt la vague sera tempétueuse et vous poussera la tête sous l'eau. À d'autres instants, les mers seront calmes et même paradisiaques. Tout mérite d'être traversé, sans crainte ni jugement de tout ce qui est. Je vis, un point c'est tout. J'expérimente dans le tumulte et dans la joie.

« Je vis, un point c'est tout. J'expérimente dans le tumulte et dans la joie. »

L'expérience que je vis peut être un obstacle dans la matière, mais n'est pas la finalité de celle-ci. La matière est l'endroit dans lequel mon esprit s'expérimente, vit des événements qu'il perçoit ou outrepasse.

Mon esprit sait que cette vie, aussi notable soit-elle, est un terrain de jeu pour l'exploration de toutes choses que mon mental concret prend parfois très au sérieux. Mon esprit sait que mon mental doit passer par ces terrains d'aventure pour grandir et avancer sur son chemin d'évolution. Je ne suis pas ce que je vis, je suis celui qui sait qu'il expérimente.

Cette observation ne m'empêche pas d'être prise dans le tumulte de mes émotions qui cherchent leur libération. Il m'arrive encore fréquemment de croire sans discernement ce qu'elles me racontent jusqu'à ce que mon esprit se rappelle à moi. Il me demande alors de reprendre sa place d'observateur de ce qui est pour ne plus m'identifier à mes émotions.

Il m'arrive d'expérimenter des émotions dans toute leur puissance dévastatrice, jusqu'à accepter qu'elles existent. Si je les réprime, je ne les rends qu'encore plus fortes et plus intenses en moi. Refoulée, cette émotion reviendra de plus belle sous une autre forme ou dans une autre situation. Je ne suis ni mon mental qui me convainc dans son intense plaidoirie soutenue, ni mon émotion qui m'embarque en mer déchaînée sur un radeau de fortune. Je ne suis pas les parties blessées en moi ni mon ego, je suis celle que je suis, un être pur, d'une lumière source d'amour venue vivre une vie manifestée sur Terre. Tout comme chacun d'entre nous.

LA PIÈCE DE THÉÂTRE

Hier soir, je suis allée voir une pièce de théâtre dont j'ignorais tout, les yeux fermés.

Des amis, en tant qu'amateurs confirmés, ont monté et joué une pièce écrite par un auteur napolitain, visiblement sensible aux questions liées au handicap. La pièce laisse comprendre qu'il a probablement lui-même vécu des expériences dans le domaine. L'œuvre met en scène un homme polyhandicapé de 36 ans, vivant toujours chez sa mère fatiguée qui ne sourit jamais. Elle prend des antidépresseurs pour tenir bon.

Hormis les antidépresseurs que j'ai pris durant une période suite à mon *burn-out*, cette femme et moi n'avions pas grand-chose en commun.

Cet homme atteint d'un handicap avait une sœur qui quitta la maison sans mot dire et sans plus jamais donner signe de vie. Elle considérait en effet que la place de son frère était dans une institution et qu'il rendait la vie de sa mère impossible. L'histoire décrit comment la sœur finit par se débrouiller à placer son frère dans une institution pour personnes handicapées qu'il n'aime pas, trouve triste, peu adéquate, un peu sinistre, avec un lit dont le matelas est trop fin. Il voudrait revenir à la maison et retrouver sa mère.

La mère ne sait pas où est passé son fils et s'apprête à mettre un avis de disparition dans le journal. Sa fille vient alors la voir en lui expliquant ce qu'elle a fait, que c'était pour son bien et qu'elles pourraient enfin avoir du temps pour manger ensemble et passer du bon temps rien que les deux. Elles allaient pouvoir rattraper le temps perdu. Mais, de son côté, la mère ne voulait rien savoir et était dans un état plus que misérable depuis qu'elle n'avait plus son fils à ses côtés. Elle avait toujours refusé de voir son fils au travers du spectre de sa maladie qui n'en était pas une à ses yeux. La place du fils était chez elle, à la maison, dans le monde, et pas dans l'enfermement de l'institution.

Elle réussit à le faire sortir de l'institution tant bien que mal et à vivre en conscience la vie qu'elle souhaitait mener avec son fils, pour le plus grand bien de tous, même pour la sœur qui entre-temps avait fini par accepter la situation.

Selon le récit, le frère était devenu handicapé à la suite d'un accident durant lequel il cherchait à protéger sa mère de son père qui la battait alors qu'elle était enceinte de son deuxième enfant, la sœur. Le père, furieux, s'empara de son fils pour le jeter dans la cage d'escalier, mais tomba avec lui. Il en mourut, et le fils, lui, en sortit avec une lésion cérébrale qui le handicapait. Ce secret de famille révélé permit enfin à la fille de voir son frère sous un autre jour. La pièce montre aussi ainsi que les secrets de famille ne sont jamais bons à conserver et créent beaucoup de désastres sur les générations qui suivent.

Cette pièce aux vertus sociales a été jouée avec brio par les quatre acteurs qui ont choisi de quitter le théâtre de boulevard pour parler « de choses vraies ».

Je n'ai toujours pas beaucoup parlé depuis cette pièce et en suis encore bien se-couée.

RETOUR DU CALME

Ce week-end, Vera est mon petit ange. Nous passons des moments de calme et d'attention entière donnée l'une à l'autre. Dans cette sérénité, je peux lui enseigner des notions de savoir-vivre ensemble. Je cherche à sortir de la sensation d'être à son service tout le temps. Je voudrais lui apprendre qu'elle peut y arriver autrement. Elle n'a pas appris. On ne le lui a pas enseigné, ce n'était pas possible jusque-là. J'essaye de lui parler depuis mon cœur pour qu'elle entende le fondement de mes mots. Il n'y a que depuis cet espace-là qu'elle peut entendre ce que je lui dis. Si je me fâche et parle depuis mon ego blessé ou irrité, je ne fais qu'empirer la situation qui était déjà au plus mal.

J'essaye ainsi d'inverser le cours des choses en testant de nouvelles propositions. Vera est grande maintenant. Elle vient de fêter ses dix ans et je veux bien croire en elle et en toutes ses capacités. Elle sera, entre autres, ce que je verrai en elle. Nous sommes tous, à une certaine échelle, à l'image de ce que notre entourage a perçu de nous, pour le meilleur et pour le pire. Nos enfants peuvent se déployer à travers la vision positive que nous projetons sur eux. Un regard parfois suffit à faire basculer tout un monde.

« Un regard parfois suffit à faire basculer tout un monde. »

Le monde n'est rien au-delà de ce que l'on perçoit de lui. Comme le dit l'adage, « Dis-moi ce que tu vois et je te dirai qui tu es. »

LA PAIX QUI EST EN NOUS

Je crois parfois que les événements que je vis se passent et se déroulent à l'extérieur de moi alors qu'en réalité tout ce que je vis, expérimente et perçois n'est que ma vision intérieure. Je peux choisir d'observer la scène depuis mon regard de l'aigle et prendre en considération que rien de ce qui m'arrive est inadéquat. C'est de ma perception qu'il s'agit et sur laquelle je peux agir. Si je cherche à impacter ce qui se passe à l'extérieur de moi, j'agis en fonction des attentes de mon mental inférieur. J'ai choisi de ne pas laisser mon monde extérieur planter les jalons de mon bien-être intérieur et, au contraire, d'apprivoiser mes sensations pour ne plus être assujettie au monde tel qu'il se présente à moi. Je ne laisserai les codes et clés de mon bonheur à personne d'autre qu'à moi. Je ne laisserai personne d'autre prendre le pouvoir sur ce que je vis. Je suis la seule responsable à ce niveau-là. Même ma fille ne l'est pas. Je suis souveraine en mon royaume. Je suis garante de la relation que j'entretiens avec les événements et de ce que je laisse entrer en moi. Ainsi en est-il pour tous les êtres humains, même s'il est plus facile de le nier et rejeter la faute sur l'autre, sur les autres, sur une situation ou un événement cataclysmique sur nous.

« Je suis souveraine dans mon royaume. »

Je parlerai plus tard de l'état d'être qui mène à la paix profonde quoi qu'il advienne, celui auquel nous aspirons tous, celui qui nous permettra de vivre au paradis tout en étant sur Terre, sans plus ressentir aucune séparation. Cet état n'est pas déclenché par un événement extérieur, mais depuis l'intérieur de notre être, depuis notre chair, notre grotte, ce que nous sommes.

VERA, MON BAROMÈTRE

Depuis quelques mois, nous sommes très en phase avec Vera. J'ai beaucoup appris à travers le chemin que nous avons parcouru ensemble. Elle est pour moi le baromètre de mes avancées en matière d'évolution de l'esprit. Je sais que je progresse lorsque je vois plus de candeur dans mon lien avec elle ou que j'apprends tout simplement à mettre des limites.

Je traverse des peurs, des colères, des rages, des humiliations et je sais que ma fille est ici pour m'enseigner tout ce que ces émotions veulent dire pour moi. En un clin d'œil, la progression est validée et je suis prête pour la prochaine étape d'initiation. Ainsi s'ensuivent-elles à un rythme parfois effréné. Elles ont la faculté d'impacter tout mon monde en me poussant à être incontestablement ancrée dans ma lumière, sans aucune altération possible de cet état.

Lorsque la bascule opère, je ne suis plus sujette aux aléas des pensées qui m'entraînent vers le bas. Au contraire, je les garde près de moi dans l'espace fécond qu'est mon cœur, dans lequel rien ne se noie mais devient pur amour et pure lumière. Le cœur est un bien plus grand alchimiste que notre psyché. Lorsque mon cœur porte en lui tous les maux de mon être et de mes pensées, pour les soigner, je leur offre mon amour. Je les honore par le regard bienveillant que je porte sur eux. Mon cœur et mon amour ont la capacité de dissoudre et de résoudre toutes les blessures que je porte en moi. J'ai choisi de ne pas les ignorer.

Tandis que mes émotions se révèlent à moi avec la force destructrice que les pensées négatives ont, je sais que je peux les amener jusque dans l'espace de mon cœur pour qu'elles puissent y être vues, comprises et entendues. Ensuite, je peux les relâcher. Vera prend les mesures. Je ne peux rien lui cacher ni lui tenir de discours. Je ne peux que faire profil bas, m'incliner humblement face au processus que je suis en train de traverser pour en tirer les leçons. Je fais l'éloge de mes émotions dont l'absence rendrait ma vie moins constructive en matière d'évolution. Je pense et crois que nous sommes tous ici pour grandir et pour évoluer dans le but de trouver un jour plus de bonheur, plus de sérénité. Plus de simplicité...

« Je pense et crois que nous sommes tous ici pour grandir et pour évoluer dans le but de trouver un jour plus de bonheur, plus de sérénité. »

J'apprends à parler de moi depuis un espace qui n'est pas envahi de blessures ou de peurs, mais d'amour pour moi. Si les actions d'une autre personne ne correspondent pas à la plus haute valeur que je suis prête à me donner, je peux défendre le terrain de mon espace sacré, l'espace depuis lequel je m'aime et me respecte. Si je maintiens cet endroit propre, je peux y inviter d'autres personnes et les y aimer. Je ne peux les aimer ni avec mon mental ni avec mon intellect.

Je ne peux aimer que parce que je sais ce que vaut l'amour vrai, celui qui fait vibrer de gratitude chaque particule qui compose mon corps. Je ne peux aimer que ce que je respecte, je ne peux aimer que ce que je vois depuis mon cœur, je ne peux aimer que tout ce que je perçois comme étant habité par la même source de lumière que moi. Je peux alors tendre ma main vers toute la création, vers tout ce qui m'entoure.

L'amour, c'est aimer l'inconcevable, l'indéfinissable à nos yeux et lui dire merci car, sans lui, nous n'aurions pu apprendre. C'est la fameuse loi de la polarité. Je ne peux pas savoir ce qui est bon si je ne sais pas ce qui ne l'est pas. À tous mes maîtres, mes contemporains, êtres chers qui m'entourent, je vous remercie de m'avoir enseigné ce qu'est l'essence la plus profonde qui repose en chacun de nous.

À toi, ma chère enfant, ma fille Vera, je te remercie de toutes les innombrables et inqualifiables étapes que tu m'as fait surmonter. Je te remercie d'être venue jusqu'à moi pour prendre le temps d'éveiller l'amour qui est en moi. Tu m'as tout appris. Je ne serai pas la moitié de ce que je suis aujourd'hui sans toi. Nous sommes liées à un niveau bien plus élevé et bien plus grand qu'il n'aurait jamais pu paraître aux yeux d'un malvoyant, celui dont le cœur est fermé.

Nos cœurs ne connaissent ni écarts, ni limites, ni la séparation de l'espace-temps. Tu m'as conduite vers l'unification du cœur Un, du cœur unifié qui embrasse tout. Je te suis infiniment reconnaissante.

« L'amour, c'est aimer l'inconcevable. »

INTERDÉPENDANCE

Je retrace mon parcours grâce aux repères de lumière que Vera a placés sur mon chemin d'évolution. Je peux voir comment, grâce aux enseignements que j'ai reçus aux moments difficiles et douloureux, j'ai pu grandir et devenir la flamme de lumière que je suis maintenant. Au regard de cette puissance de manifestation, j'accompagne Vera à être et me considère aujourd'hui non seulement comme une proche-aidante, mais aussi comme une proche-aidée. Nous formons une union que l'on peut nommer interdépendance, interrelation ou interconnexion. Nous pouvons tous naviguer vers l'horizon d'une humanité féconde qui nous amène à voir les qualités chez les uns et les autres. Tous peuvent grandir et construire communément sur le seul chemin qui ait de l'importance : la voie du cœur, la voie de l'amour, la voie de l'unicité.

CONCLUSION

Vera et moi sommes heureuses d'avoir pu partager ici un petit bout du récit de notre vie. Il n'en montre certes pas tous les détails, mais peut néanmoins contribuer – du moins, nous l'espérons ! – à une plus grande compréhension de ce que représente le handicap dans une société normée. Nous avons toutes les deux beaucoup de réflexions et d'observations à transmettre sur ce sujet, tant dans ce qui nous paraît bien fonctionner que dans l'incompréhension que nous rencontrons régulièrement auprès de connaissances, de professionnels ou de membres de notre propre famille.

Bien sûr, il ne s'agit pas d'élucider dans ce livre toutes les problématiques que nous rencontrons, mais d'apporter une lumière vers une plus grande compréhension au sujet de ce que nous vivons.

Vivre avec un enfant polyhandicapé n'est certes pas une tâche évidente, mais elle est riche d'enseignements et d'occasions de grandir intérieurement. Ces apprentissages, je les ai partagés ici en espérant qu'ils puissent servir à d'autres, parents d'enfants handicapés ou pas, à tous les êtres humains tentant de parfaire leur vie sur Terre.

Je pense que nous sommes tous capables de renouer avec une vie qui fait sens pour nous, nous permettant de nous rendre heureux. J'aimerais dire, à vous, chers lecteurs, que vous êtes un créateur bien au-delà des limitations qui vous empêchent parfois d'avancer. J'aimerais vous dire à quel point vous êtes tous des êtres bien plus grands que vous ne le pensez et avez tous en vous la capacité d'être un phare de lumière pour vous et pour toutes les autres personnes qui existent autour de vous. J'espère de tout cœur que ce présent livre aura pu contribuer à éveiller cette conscience en votre intérieur et que vous puissiez être porté par la noblesse résidente en vous.

Vera et Charlotte Nordin sont autrices du livre *Celle Que Je Suis*, un projet d'art pluridisciplinaire composé d'un album de musique, des textes de Vera et de grandes illustrations, sorti sur le Label Hummus Records.
www.cellequejesuis.com

Maintenant
Regardes-moi
Et regardes-toi,
Ce que tu es.
fais,
simplement
suis.